Tanja Breukelchen (Texte) &
Moritz Marzi (Fotos)

Grüne Glücksorte in Hamburg

Geh raus und blüh auf

Droste Verlag

Dieses Buch gehört

Liebe Glücksuchende,

dieses Buch war auch für uns eine große Entdeckungsreise. Grüne Glücksorte in Hamburg – da dachten wir zuerst an Parks, Orte mit Aussicht und an den einen oder anderen Lernort zum Thema Nachhaltigkeit. Doch als wir einmal angefangen hatten mit dem Entdecken, kamen immer mehr Orte hinzu. Denn wer vermutet schon mitten im Wohldorfer Wald Holzliegen zum Ausruhen? Wer kennt die Erwachsenen-Schaukel an der Außenalster? Und wer hätte geahnt, dass es in Hamburg einen wunderbar matschigen Barfußpfad gibt?
Plötzlich wanderten wir mit puscheligen Eseln und freundlichen Alpakas, entdeckten Orte zum Jäten und Ernten und begriffen, dass Natur, Kultur und Historie ganz nah beieinanderliegen. Manche Orte waren mehr blau als grün: Erlebnisse am Wasser – vom Kanu über Tauchgänge bis hin zum Faulenzen auf hölzernen Badestegen. Ach ja, und dann immer wieder unser Staunen, wenn wir mitten in Hamburg in einer Heidelandschaft, einem japanischen Garten oder einer Sanddüne standen.
Dieses Buch soll eine Mischung sein aus Bildern zum Eintauchen und Wegträumen und Texten zum Entdecken und Erfahren. Und es soll dazu anregen, die Stadt auf eigene Faust zu erkunden – mit all ihren bekannten und unbekannten Ecken, Umweltprojekten, Gemeinschaftsgärten, Parks, Rad- und Wanderwegen und stillen Orten in der Natur. Genießen Sie Hamburgs grünes Glück!

Tanja Breukelchen & Moritz Marzi

Deine Glücksorte ...

… noch mehr Glück für dich

Blühender Krühof

1 *Das Rieck Haus in Curslack*

Ein Garten mit duftenden Bauernblumen. Gemütliche weiße Holzbänke. Und dann dieser Blick auf die alte, kleine Mühle und das imposante Hufnerhaus. Das Rieck Haus in Curslack ist ein ganz kleines Freilichtmuseum mit engagierten Menschen, die einem in Führungen und netten Gesprächen das Leben auf dem alten Hof erklären. Das 1533 erbaute und nach der Bauernfamilie Rieck benannte Hufnerhaus gilt als eines der ältesten noch erhaltenen Fachhallenhäuser in Norddeutschland und ist ein Museum für alle Sinne. Spannend darin: Wohnbereich, Arbeitsbereich und Ställe waren dort unter einem Dach. Das kann man heute noch besichtigen. Sehr anschaulich, mit vielen spannenden Details. Ein wunderschöner Ort, wenn man sich in eine andere Zeit versetzen lassen möchte. Perfekt für Familien, die drinnen und draußen ungestört auf Entdeckungsreise gehen wollen.

Steht man vor dem Haus, tut sich linker Hand ein großer Garten auf. Sehr sorgfältig angelegt. Ein bisschen wie ein Mini-Irrgarten. Das ist der Krühof, also ein Kräuterhof. Ursprünglich wuchsen dort nämlich Kräuter und Gewürze, aber dann, im 18. Jahrhundert, wurden aus diesen praktischen Nutzgärten immer häufiger Ziergärten. Sehr exakt angelegt, mit geharkten Kieswegen und akkurat gepflegten Buchsbaumhecken. In den Beeten wachsen unter anderem bunte Tulpen, Veilchen, Astern, Lilien, Nelken und Rosen. Ein Ort zum Eintauchen.

TIPP Lieben Sie Orchideen? Ganz in der Nähe befindet sich die darauf spezialisierte Gärtnerei Rehbein (www.orchideen-rehbein.de).

Schaut man auf die Pflanzen und Wege, hat das fast schon etwas Meditatives. Und geht der Blick dann hinüber zur Mühle, fühlt es sich an, als säße man in einem Postkartenmotiv. So hübsch ist das. – Die Mühle ist übrigens eine Schöpfmühle, die ursprünglich in Ochsenwerder stand und zu einem alten Be- und Entwässerungssystem aus Gräben und Mühlen gehörte. Noch um 1700 gab es alleine an der Bille 200 dieser Schöpfmühlen, die dann später von zentralen Pumpwerken abgelöst wurden und gänzlich aus der Landschaft verschwanden.

Freilichtmuseum Rieck Haus, Curslacker Deich 284, 21039 Hamburg, Tel. (0 40) 723 12 23
www.bergedorfer-museumslandschaft.de/ueber-uns/rieck-haus
ÖPNV: Bus 327 und 427, Haltestelle Rieck-Museum

Minigolf auf Tischen

2 *Pit-Pat spielen im Altonaer Volkspark*

Als Kind hatte ich es immer im Urlaub in Bayern gespielt: Pit-Pat. Und dann sah ich es, mitten im Hamburger Volkspark. Neben den 18 großen Minigolf-Bahnen hat Platzbetreiber Hans-Jürgen Brandt dort auch 18 Pit-Pat-Tische. Die Idee dahinter ist spannend und macht Spaß. Denn während man beim viel bekannteren Minigolf den Schläger und eine einzige Kugel hat und damit von Bahn zu Bahn läuft und den Ball mit möglichst wenigen Schlägen – ähnlich wie beim Golf – vom Startpunkt bis zum Ziel(loch) über Hindernisbahnen unterschiedlicher Schwierigkeitsgrade schlägt, geht das beim Pit-Pat ein bisschen so wie beim Billard: Jeder bekommt ein schmales Körbchen mit vier Bällen, die unterschiedlich weich sind und je nach Art des Hindernisses auf der Bahn zum Einsatz kommen. Außerdem bekommt jeder Spieler einen Queue, also einen Spielstab ähnlich wie beim Billard. Mit diesem muss der Ball nun – genau wie beim Minigolf auch – über die 18 Bahnen gespielt werden. Diese Bahnen mit ihren unterschiedlichen Schwierigkeitsgraden sehen aus wie Minigolf-Bahnen im Kleinformat und befinden sich auf Tischen. Eine Idee, die in Hamburg gut ankommt und ursprünglich aus Süddeutschland stammt, wo bis heute richtige Meisterschaften im Pit-Pat gespielt werden, erzählt Hans-Jürgen Brandt. Er hatte die Pit-Pat-Tische 1993 gekauft. Brandt kannte das Spiel und wusste, dass es besonders rund um den Bodensee viele Pit-Pat-Bahnen gibt. Daran hat sich bis heute nichts geändert, denn gerade im norddeutschen Raum gebe es nur ganz wenige, vielleicht vier oder fünf, schätzt er, und die lägen auch weit auseinander.

Viele seiner Gäste spielen beides, Minigolf und Pit-Pat. Oder sie wechseln zwischendurch das System, probieren einfach mal aus und bekommen dann eine vergünstigte Runde. Die Dauer der Runden ist übrigens beim Pit-Pat etwas kürzer, vermutlich weil die Tische weniger weit auseinanderliegen und die Wege kürzer sind. Ob Minigolf oder Pit-Pat – Spaß macht beides. Pit-Pat mir persönlich sogar ein kleines bisschen mehr.

Miniaturgolf und Pit-Pat im Altonaer Volkspark, Nansenstraße, 22525 Hamburg, Tel. (0 40) 54 59 67, www.minigolf-brandt.de, Parkplatz gleich nebenan

ÖPNV: Bus 180, Haltestelle Am Volkspark (ca. 20 Minuten Fußweg) bzw. Metrobus 22, Haltestelle Linie 22, Haltestelle Hellgrundweg/Arenen (ca. 10 Minuten Fußweg)

blauer
Ball
1

Erfrischendes Felsenbad

3 *Der Geysir-Garten im Wilhelmsburger Inselpark*

Platsch! Schon kracht eine riesige Wasserfontäne auf den Felsen. Plitsch! Und noch ein Schwall Wasser schießt hinterher, breitet sich wie ein kriseliger Nebel aus Milliarden Tröpfchen in der Luft aus und geht dann auf dem kleinen Felsen nieder. An warmen Sommertagen ist man gut beraten, ganz in der Nähe der Wasserfontäne zu sitzen. Auf einem der vielen Felsen. Dann ist der Geysir nämlich die ideale Erfrischung. Und sonst ist es einfach nur schön, zuzuschauen, wie es plitscht und platscht und der kleine Felsen weit hinauf sein Wasser speit. Dass er das tut, ist kein Wunder, denn er ist nach seinem großen Vorbild benannt: dem Großen Geysir auf Island. Eigentlich versteht man darunter eine heiße Quelle, die ihr Wasser als Fontäne ausstößt.
Im Wilhelmsburger Inselpark jedenfalls ist er eine Attraktion. Da liegt er unter dem Motto „Geysir – Kraft der Erde" inmitten einer Art Felsengarten. Eine karge Steinlandschaft mit wenigen Pflanzen. Eine urzeitliche Stimmung an einem ansonsten eher auf die Zukunft, auf Nachhaltigkeit ausgerichteten Ort. Entstanden ist der Wilhelmsburger Inselpark nämlich im Zuge der Internationalen Gartenschau (igs) 2013. Und der Geysir ist Teil eines Rundkurses zum Thema Natur und Garten, der den Besuchern die Natur auf unterschiedliche Weise näherbringt. Da gibt es unter anderem auch einen kleinen See, den 300 Meter langen Rosenboulevard mit mehr als 200 verschiedenen Rosensorten und Hochbeete zum gemeinsamen Gärtnern. Wer den Geysir besucht, der sollte sich in jedem Fall ein bisschen Zeit zum Gucken gönnen. Und ein Handtuch mitnehmen. Denn die Versuchung ist groß, sich am Ende gleich ganz auf den wasserspeienden Felsen zu setzen und auszuprobieren, wie es sich anfühlt, von seinem Wasserschwall sanft oder auch mal etwas unsanft übergossen zu werden.

TIPP Eine halbe Stunde Fußweg entfernt liegt der Energiebunker mit dem Sleeperoo auf dem Dach – ein nachhaltig gebauter Schlafwürfel für Abenteuerübernachtungen, in dem Fall mit Traumsicht auf Hamburg aus 30 Meter Höhe.

Inselpark, 21109 Hamburg, Parkplätze Wilhelm-Strauß-Weg 1B
ÖPNV: S3 und S31, Haltestelle S-Bahnhof Wilhelmsburg

Im Winterquartier

4 *Bei den Alsterschwänen auf dem Mühlenteich*

Als ob er wüsste, dass er als echter Alsterschwan etwas Besonderes ist, kommt einer der Schwäne immer wieder ganz nah ans Ufer und schaut neugierig in die Kamera. Vielleicht hat er auch einfach nur sehr viel zu erzählen: von seiner Bootsfahrt über die Alster. Von Binnenalster oder Rathausschleuse hinaus nach Eppendorf, wo er den Winter über mit mehr als 100 anderen Schwänen im Winterquartier am Eppendorfer Mühlenteich lebt. Dort nämlich gibt es einen abgetrennten Bereich, in dem besonders energiesparende Wasserpumpen dafür sorgen, dass das wärmere Wasser vom Grund des Teiches nach oben gepumpt wird und auf diese Weise die Wasseroberfläche in Bewegung bleibt. So friert der abgesperrte Bereich im Norden des Teiches auch bei frostigen Temperaturen niemals zu.

Für die Alsterschwäne, die als Symbol für die Freiheit und Unabhängigkeit der Hansestadt gelten, eine sehr gemütliche Sache. Und auch ihre Rundum-Versorgung durch den Schwanenvater, eine bereits 1674 geschaffene und damit älteste Planstelle der Stadt, macht Hamburgs Schwäne zu besonderen Schwänen. Der nämlich kümmert sich das ganze Jahr über um die Tiere und ist es auch, der sie mit Booten, die ebenfalls am Eppendorfer Mühlenteich liegen, im Frühling wieder zurück in die Innenstadt bringt.

Besonders hübsch ist der Blick auf die Schwäne von der östlichen, parallel zum Salomon-Heine-Weg verlaufenden Uferseite aus, denn auf der Westseite, auf der die Schwäne leben, schützen hohe Zäune die Tiere vor unliebsamen Besuchern. Am besten wählt man also im Winter – dick eingemummelt und mit einem Heißgetränk ausgestattet – dort eine Bank und schaut zur anderen Uferseite hinüber, wo die Schwäne herumwimmeln. Und immer wieder schwimmt mal einer auf den Teich hinaus, der besonders kecke auch gleich bis ans gegenüberliegende Ufer. Und da steht er dann. Neugierig und stolz.

TIPP Sind die Schwäne im Frühjahr wieder zurück auf der Alster, machen die Enten und Gänse den Mühlenteich zu ihrem Küken-Kindergarten. Ebenfalls unbedingt ansehen!

Eppendorfer Mühlenteich, Salomon-Heine-Weg, 20251 Hamburg
ÖPNV: Bus 114 und 392, Haltestelle Schubackstraße

Auf Weltreise

5 *Der Loki-Schmidt-Garten in Klein Flottbek*

Gleich hinter Südamerika geht es links in Richtung Japan. Und dann noch ein paar Schritte, dann fängt China an, bevor es rechts in die Steppe und links weiter in die Alpen geht …

Fast alle Kontinente an einem Ort. Berge, südamerikanische Feuchtwälder, die sommergrünen Laubwälder Nordamerikas, mitteleuropäische Hochmoore – im Loki-Schmidt-Garten in Klein Flottbek kann man auf einer Fläche von 25 Hektar die Welt entdecken. Und dabei gleich eine ganze Menge über die unterschiedlichen Pflanzen, ihre Bedürfnisse und ihre Herkunft lernen. Sich Anregungen für den eigenen Garten und seine Gestaltung holen. Oder einfach nur inmitten dieser so besonderen und inspirierenden Gartenanlage entspannen und sich in ferne Länder träumen. Das zur Universität Hamburg gehörende Areal hieß ursprünglich Neuer Botanischer Garten und besteht schon seit 1979 an diesem Ort unweit der Elbe. Im Herbst 2012 wurde der Park dann nach der Umweltschützerin Loki Schmidt (1919–2010) benannt. Die Frau des ehemaligen Bundeskanzlers Helmut Schmidt (1918–2015) hatte sich jahrzehntelang für den Erhalt und Ausbau der Grünanlage engagiert und sich ihr Leben lang für den Naturschutz und den Erhalt gefährdeter Pflanzen eingesetzt, eine eigene Stiftung gegründet, zahlreiche Bücher über Botanik geschrieben und Wissenschaftler auf Forschungsreisen, unter anderem nach Kenia, Ecuador, Malaysia, Brasilien und auf die Galapagos-Inseln, begleitet. Da passt es also, dass auch der Besuch in „ihrem“ Garten einer Expedition ähnelt und uns durch viele Vegetationen und Klimazonen führt. Und außerdem zu vielen Themen, die mit Pflanzen zu tun haben: So gibt es auch einen Bauerngarten, einen Apothekengarten, Pflanzen der Bibel und einen Duft- und Tastgarten. Ein sinnlicher Weg durch die Welt.

TIPP Immer wieder finden im Loki-Schmidt-Garten spannende Veranstaltungen statt wie Pflanzenbörsen, Seminare für Jung und Alt, Konzerte oder Sonderführungen. Infos dazu gibt es unter www.bghamburg.de.

Loki-Schmidt-Garten, Ohnhorststraße, 22609 Hamburg

ÖPNV: Bus 21 und 286, Haltestelle Klein Flottbek

Herrlich verfressen

6 *Eselwandern mit der Eselei in Bergedorf*

Zum Eselwandern bedarf es einer Einführung. Dazu geht Andreas Kirsch mit seinen Gästen zu den Eseln aufs Paddock mit Offenstall und erklärt erst einmal, wie man sich den Eseln nähert, was sie mögen, was sie nicht so gerne haben und vor allem: wie man sie vom Dauerfressen abhält. Damit ist es nämlich bei der umsichtigen und erfahrenen Maja, dem verschmusten Moritz, der sensiblen Paula und dem Scherzkeks Pinu'u wie bei allen Eseln: Sie sind aufs Fressen programmiert, haben einfach ständig Appetit. Deshalb dürfen sie auch nicht rund um die Uhr auf der Weide sein.

Mit der Eselei am Rande von Bergedorf geht für Andreas Kirsch und seine Frau Karin ihr Traum vom aktiven Ruhestand in Erfüllung. Mit grauen Langohren hatte ihr Leben vor der Eselei allerdings so gar nichts zu tun: Andreas Kirsch war als Schiffsbauingenieur bei Blohm + Voss viel unterwegs. Vielleicht ist es ihm deshalb auch so bewusst, dass Eselwandern auf die meisten Menschen entspannend und entschleunigend wirkt und für viele seiner Gäste noch viel mehr ist als nur ein Riesenspaß. Vielleicht liegt das an den lieben Augen der Tiere. Oder an ihrer ruhigen, treuherzigen Art. Die Eselwanderungen können auf die Gäste zugeschnitten werden, dauern einen halben oder einen ganzen Tag und führen je nach Tour über den Geesthang, von Aumühle in den Sachsenwald, durch die Boberger Dünen oder ins Bistal.

Damit nicht nur die Esel den Menschen guttun, sondern auch die Menschen den Eseln, besuchten die Kirschs mehrere Eselseminare und nahmen sich Zeit, ihre Herde kennenzulernen. Und wenn Andreas Kirsch dann Pinu'u über die Wiesen führt, tut er das mit liebevoller Strenge. Wie wichtig das ist, merke ich, als ich selbst mit Pinu'u am Führstrick laufe. Oder er mit mir. Denn beim Anblick des saftigen Grases wirft er seinen Kopf blitzschnell zur Seite – und läuft schnurstracks auf sein Essen zu. Ziehen bringt da gar nichts. Beim nächsten Mal nehme ich mir mehr Zeit, Andreas Kirsch hatte es ja betont: Zum Eselwandern bedarf es einer Einführung.

Die Eselei, Andreas Kirsch, 21029 Hamburg, Tel. (0 40) 72 97 70 51
www.dieeselei.de

7 *Der Weberstieg am Duvenstedter Brook*

Sanft hügelig schwingt sich der Weberstieg zwischen der Herrenhausallee und dem BrookHus durch die Wiesen. Weit geht der Blick. Hinüber zum Duvenstedter Brook, jenem 780 Hektar großen Naturschutzgebiet im äußersten Norden der Stadt, in dem es über 600 verschiedene Pflanzenarten, rund 100 Brutvogelarten und etwa zwölf Reptilien- und Amphibienarten gibt, außerdem Iltisse, Marder, Wiesel, Dachse, Wildschweine, Rotwild und mehrere Kranich-Brutpaare. Und der Blick geht hinweg über sattgrüne Wiesen, durch die sich ein Weg schlängelt und auf denen zuweilen Pferde grasen und im Frühling Tausende Pusteblumen stehen.

Stille. Staunen. Und ein bisschen das Gefühl, ganz weit weg zu sein. Draußen. Auf dem Land. Doch der Weberstieg ist kurz. Der knapp 300 Meter lange Pfad diente Mitte des 19. Jahrhunderts vor allem den in der nahen Baumwollweberei Kupferhof arbeitenden Menschen als Verbindung zwischen Wiemerskamp und Wohldorf und trägt daher seinen Namen.

Das Schöne am Weberstieg ist, dass es am Anfang und am Ende viel zu entdecken gibt: Auf der Seite der Herrenhausallee gibt es neben kleinen Landarbeiterhäusern mit ihren hübschen Gärten auch das Flüsschen Ammersbek, den Kupferteich und den angrenzenden Wohldorfer Wald. Und oben, zum Duvenstedter Brook hin, ist eben das BrookHus, ein Informationszentrum, das interessante Einblicke in die Landschaft gibt: spannende Informationen zur Tier- und Pflanzenwelt des Duvenstedter Brooks, eine multimediale Dauerausstellung, viele Tipps in Sachen Naturschutz und einen Shop, in dem man unter anderem Infomaterial, Bücher, Postkarten und Nistkästen kaufen kann. Außerdem verteilen sich rund um das BrookHus Tische und Bänke, die zum Picknick einladen.

TIPP Frische Milch und handgeschöpften Käse gibt es in der „Kleinen Landmeierei", einem Hofladen auf dem Wohldorfer Hof, Herrenhausallee 37, 22397 Hamburg. (https://wohldorfer-hof.de)

Weberstieg, 22397 Hamburg, Zugang über BrookHus, Duvenstedter Triftweg 140, dort großer Wanderparkplatz

ÖPNV: Bus 176 und 276, Haltestelle Duvenstedter Triftweg (30 Minuten Fußweg)

Wind und Wellen

8 *Surfen im Oortkatener See in Ochsenwerder*

Der See ist riesig. Ganze 62 Hektar groß. Und tief soll er sein, an der tiefsten Stelle ganze 19 Meter. Entstanden ist der Oortkatener See, auch Hohendeicher See genannt, durch den Abbau von Kies, den man nach der Sturmflut 1962 dringend brauchte, um die Deiche zu erhöhen. So schuf man 1966 also gleich auch einen künstlichen See, der heute besonders bei Wassersportlern beliebt ist: Baden, Kanufahren, Schnorcheln, Tauchen, Stehpaddeln, Segeln und – Windsurfen. Gleich am Westufer, da, wo nur ein schmaler Streifen Land zwischen See und dem Binnen- und Sportboothafen Oortkaten mit Zugang zur Elbe ist, findet sich sogar eine Surfschule.

Man muss also gar nicht erst an die Nord- oder Ostsee fahren, um zu surfen, das geht auch locker auf Hamburger Stadtgebiet. Die Grundlagen erlernt man in Kompakt- oder Wochenendkursen in jeweils nur zwölf Stunden und schließt den Kurs mit dem VDWS-Grundschein ab, der das Windsurfen auch auf scheinpflichtigen Gewässern erlaubt. Danach gibt es Kurse für Fortgeschrittene. Wer Kinder hat, kann die gleich mitnehmen und zu einem der Kinderkurse (ab 9 Jahre) anmelden.

Wer lieber gleich unter Wasser bleiben will, findet im Oortkatener See ebenfalls ideale Bedingungen. Die maximale Tauchtiefe beträgt zwölf Meter, die Sicht liegt zwischen drei und fünf Metern. Durch die Abbruchkanten ist der See an vielen Stellen gleich im Uferbereich sehr tief. Und am Südwestufer hat die Tauchergruppe der Polizei Hamburg sogar einen Unterwasseriglu und eine Übungsplattform versenkt, die man ebenso entdecken kann wie die großen Fische, darunter Hechte, Zander, Flussbarsche und Krebse. Und die wiederum sorgen dafür, dass der Oortkatener See auch für Angler interessant ist. Die ziehen dann gerne mit dem Boot hinaus, entfernen sich von den Menschen am Ufer und suchen die idealen Stellen, um den möglichst dicksten Fisch an Land zu ziehen. Ach, und wem das alles zu anstrengend ist: Am West- und am Südufer des Sees sind schöne Badestrände, an denen man einfach nur faul liegen und nichts tun darf.

Oortkatensee, 21037 Hamburg
ÖPNV: Bus 120, 223 und 422, Haltestelle Oortkatenufer

Wie im Heimatfilm

9 *Wandern im Naturschutzgebiet Fischbeker Heide*

Wer vor dem alten Schafstall am Fischbeker Heideweg 43A steht, in dem heute das Naturschutz-Informationshaus der Loki Schmidt Stiftung untergebracht ist, könnte noch denken, das ist ein ganz normaler Wald. Doch der Weg, der ein Stück weiter gleich hinter dem Bolzplatz beginnt und hinunter ins Fischbektal führt, bringt einen in ein blühendes Paradies – vor allem in den Monaten August oder September: Denn dann blüht dort die Heide. Riesige lilafarbene Teppiche tun sich dann vor einem auf. Eine sanft hügelige Landschaft, durchsetzt von kleinen Bäumen und schmalen Wegen. Die buschigen Sträucher der sogenannten Besenheide, die so heißt, da aus ihr früher Besen hergestellt wurden, können rund 80 Jahre alt werden. Neben ihr findet man auch Rosmarinheide und Ginster, Feuchtheide und Lungenenzian.

Manchmal läuft sogar eine blökende Herde Heidschnucken durchs Bild. Das ist so kitschig schön – fast ein bisschen wie in einem Heimatfilm der Fünfzigerjahre. Eine Landschaft, die man erwandern will. Einsam. Nur für sich. Und da hat man meistens auch Glück, denn im Gegensatz zu ihrer großen Schwester, der Lüneburger Heide in Niedersachsen, ist es in der 773 Hektar großen Fischbeker Heide angenehm leer. Und auch Wanderwege gibt es dort genug. Gut ausgeschildert. Und thematisch ganz unterschiedlich: Der Archäologische Wanderpfad des Archäologischen Museums Hamburg zum Beispiel führt an 13 Stationen entlang zu Bodendenkmälern, die aus der Eisen-, Bronze- und Steinzeit stammen. Oder die kleine Heidewanderung, die man sich über die kostenlose App „Natürlich Hamburg" der Behörde für Umwelt und Energie herunterladen kann. Und für alle, die sich eine etwas längere Tour wünschen, gibt es da noch den nördlichsten Teil des berühmten Heidschnuckenweges: Auf 26 Kilometern geht es auf ihm von Fischbek nach Buchholz in der Nordheide und damit mitten durch die Fischbeker Heide.

TIPP Gleich nebenan auf dem Segelflugplatz lassen sich die Flieger beobachten. Wer mag, kann dort auch einen Rundflug im Segelflugzeug buchen.

Fischbeker Heidehaus, Fischbeker Heideweg 43A, 21149 Hamburg, Tel. (0 40) 73 67 72 30
https://lokischmidtstiftung.de

ÖPNV: Bus 250, Haltestelle Fischbeker Heideweg (von dort 10 Minuten Fußweg)

Schlafen und staunen

10 *Die Ackerperlen im Spadenland*

Ein knallroter Bauwagen. Dahinter ein weites, freies Feld. Davor zwei friedlich vor sich hin kauende Ziegen. Und der Gedanke, dass man wohl nirgendwo sonst seinen Morgenkaffee besser trinken kann als an diesem stillen und doch so besonderen Ort, dem Feld der Ackerperlen im Spadenland. In dem dünn besiedelten Stadtteil im Bezirk Bergedorf gibt es ganz viel Gemüseanbau, denn er ist Teil der Marschlande und liegt unmittelbar an der Norderelbe im feuchten Marschgebiet.

Der rote Bauwagen hat innen nicht nur ein gemütliches Bett, sondern auch einen mit Holz beheizten Ofen, eine Koch- und eine Sitzgelegenheit und ein bestücktes Bücherregal. Das Bad ist nebenan im Haus. Dort kann man auch Frühstück bestellen, das man morgens in den Wagen gereicht bekommt.

Perfekt, oder? Aber es kommt noch besser: Die Ackerperlen haben nämlich nicht nur den gemütlichen Bauwagen. Petra und Alex – die eine Journalistin, die andere ökologische Landwirtin – haben 2015 nach einer einjährigen Weltreise entschieden, sich mit einem Obst- und Gemüsebaubetrieb selbstständig zu machen. Die Geburt der Ackerperlen. Heute sind sie offiziell ein Bio-Hof, bieten bunte Gemüse-Kisten im Abo an und öffnen von April bis in den Winter hinein jeden Samstag von 15 bis 18 Uhr beim „Offenen Hof" ihren idyllischen Garten für gute Gespräche und Infos über ökologischen Landbau bei Kuchen, Kaffee und Kräutertee. In der Zeit findet auch der Gemüseverkauf statt. Außerdem bieten die Ackerperlen regelmäßig Tu-Dir-Gutes-Workshops und Kräuterspaziergänge an. Bei Letzteren lernen die Teilnehmer bei Spaziergängen durchs Spadenland und durchs Naturschutzgebiet Reitbrook, welche Pflanzen essbar sind und welche nicht und wie man Kräuter richtig zubereitet.

Danach möchte man den Hof eigentlich gar nicht wieder verlassen. Muss man ja auch nicht – der knallrote Bauwagen bietet rund ums Jahr die Möglichkeit zum außergewöhnlichen Übernachten.

TIPP Noch mehr ungewöhnliche Übernachtungsmöglichkeiten gibt es unter www.schlafenundstaunen.de.

Ackerperlen, In der Weide 56, 21037 Hamburg, Tel. (0 40) 31 70 40 50
www.ackerperlen.de

ÖPNV: Bus 220 und 222, Haltestelle Hofschläger Deich (von dort ca. 10 Minuten Fußweg)

Freie Sicht

11 *Die Müllberge in Hummelsbüttel*

Wenn man über die Hummelsbütteler Landstraße stadtauswärts fährt, sieht man sie plötzlich rechter Hand: Berge! Schaut man dann genauer hin, geht ein steiler Pfad zum Gipfel hinauf. Und meistens stehen dort ein paar Menschen. Was sie dort tun? Klar: die Aussicht genießen. Die ist nämlich auf den Hummelsbütteler Müllbergen grandios. Das wissen allerdings nur ganz wenige. Und so bleiben die Berge ein kleiner Geheimtipp. Am Fuße der bis zu 76 Meter hohen Hügel liegt ein kleiner See, der Hummelsee. Und am hinteren Ende des Sees führen gleich mehrere Pfade hinauf auf den Berg. Der eine sehr steil und ein großer Spaß für alle, die gerne klettern und kraxeln. Von oben geht der Blick dann bei gutem Wetter bis hinüber zu Hafen und Elbphilharmonie, man sieht den Fernsehturm, aber eben auch ganz viele Wälder und Felder, das Alstertal-Einkaufszentrum, viele kleine Kirchen. Nach und nach orientiert man sich dort oben auf diesem Aussichtspunkt, den so viele nicht kennen.

Die ihn allerdings kennen, nutzen die Müllberge nicht nur zum Wandern, sondern auch zum Drachensteigenlassen (im Herbst), zum Rodeln (im Winter) und ganzjährig für rasante Mountainbike-Touren durch die hügelige, zuweilen schon schroffe Landschaft, die eine gar nicht so schöne Geschichte hat: Die Berge sind nämlich aus einer ehemaligen Mülldeponie entstanden und heißen deshalb auch im Volksmund „Monte Müll". In den 1960er- und frühen 1970er-Jahren wurde dort zuerst Sand abgebaut. Nach und nach entstanden dann drei Gruben, aus denen in den 1970er-Jahren eine Mülldeponie wurde – die auch Privatleute nutzten, um unschöne Dinge wie Autowracks, Kühlschränke und Giftmüll abzuladen. In den 1980er-Jahren wurde das seitens der Stadt beendet und verboten. Der schlimmste Müll wurde abtransportiert, den Rest verfüllte man mit den Gruben. Zwei dieser Gruben wurden dann zu Bergen aufgeschüttet, aus der dritten entstand der Hummelsee. Wasser- und Bodenqualität werden regelmäßig kontrolliert.

Müllberge, Glashütter Landstraße, 22417 Hamburg, Parkplatz gleich am Hummelsee

ÖPNV: Bus 178, Haltestelle Glashütte, Friedhof (Norderstedt, von dort ca. 12 Minuten Fußweg)

Es weihnachtet ...

12 *Wintermarkt auf Gut Karlshöhe*

Kitsch und Konsumtrubel zur Weihnachtszeit? Dazu verbaute Plätze, stickige Straßen und riesige Menschenmassen? Wer das alles nicht haben will, sollte sich an das Hamburger Umweltzentrum Gut Karlshöhe halten, denn dort gibt es jedes Jahr an zwei Wochenenden im Advent einen ökologischen Wintermarkt mit interessanten Workshops zum Thema Umweltschutz und Nachhaltigkeit, regionalen Ausstellern, einer Spielwiese für Kinder, tollem Essen aus der Region, heißem Punsch und Glühwein. Und das alles inmitten der Natur und unter freiem Himmel. Draußen gibt es einen regionalen Weihnachtsbaumverkauf. Und überall stehen nette Menschen, sind Gemütlichkeit, gegenseitiges Kennenlernen und adventliche Stimmung ausdrücklich erwünscht.
Der vorweihnachtliche Markt findet inmitten des festlich geschmückten Umweltzentrums statt, das früher übrigens mal ein richtiges Gut war, heute ein Gebiet von rund neun Hektar umfasst und wie eine grüne Insel inmitten der Bebauung wirkt. Es gibt einen Entdeckerrundweg, etwa einen Kilometer lang, Schafweiden, Streuobstwiesen, Wald und Teich, Bienen und Hühner. Außerdem können Klein und Groß in der Erlebnis-Ausstellung „Jahreszeit-Hamburg“ auf spannende Weise ganz viel über den Zusammenhang von Natur, Energie und Klimaschutz erfahren, dabei forschen und entdecken.
Wer nicht bis zur Adventszeit warten möchte, findet auf Gut Karlshöhe auch das ganze Jahr über immer wieder tolle Veranstaltungen. Eines der Highlights ist jedes Jahr im Mai das traditionelle Schafschurfest. Ein Fest für den Frühling, für die ganze Familie und die Rauwolligen Pommerschen Landschafe. Denn Letztere bekommen dann ihr dickes Winterfell abgeschnitten – und neben dem Schafscherer zeigen an diesem Tag auch andere Traditionshandwerker ihre alte Kunst.

Gut Karlshöhe, Karlshöhe 60D, 22175 Hamburg
www.gut-karlshoehe.de
ÖPNV: Bus 27, Haltestelle Gut Karlshöhe

Ruhe-Pool

13 *Das Japanische Teehaus in Planten un Blomen*

Klare Formen. Akkurat gestutzte Hecken. Exotische Pflanzen. Eine ruhig schimmernde Wasseroberfläche. Sanftes Plätschern kleiner Wasserfälle. Friedliche Stille. Struktur im Trubel der Stadt. Dicke Felsen, die sich im Wasser spiegeln. Gerade Wege. All diese Klarheit entspannt den Geist. Wer sich im hektischsten Trubel an den kleinen See am Japanischen Teehaus setzt, seinem Ufer folgt, die Wege des Gartens entlangläuft, der kommt zur Ruhe. Ein bisschen ist das so, als würde man im gedanklichen Chaos Bach hören. Auch das klärt die Gedanken.

Der stille, schöne Garten liegt im innerstädtischen Park „Planten un Blomen", was auf Platt so viel wie Pflanzen und Blumen heißt. Er erstreckt sich auf 47 Hektar zwischen St. Pauli und Alster auf Teilen der ehemaligen Wallanlage und wurde seit den 1930er-Jahren mehr und mehr zu einem öffentlichen Park.

Wie ein eigenes kleines Gebiet liegt der Japanische Garten darin, genau zwischen Congress-Center (CCH) und Messe. Er wurde 1990 nach einem Konzept des japanischen Professors und Landschaftsarchitekten Yoshikuni Araki gestaltet, der unter anderem auch den Japanischen Garten im Botanischen Garten in Augsburg und den Japanischen Botanischen Garten in Havanna auf Kuba entworfen hat. Sein Japanischer Garten in Hamburg jedenfalls ist der größte Europas. 1990 entstand auch das gemütliche, kleine Japanische Teehaus, in dem es unter anderem traditionelle japanische Teezeremonien, aber auch zahlreiche andere Veranstaltungen gibt, bei denen man in die Kultur Japans eintauchen kann – von Trommel- und Kalligraphie-Workshops bis zu botanischen Spaziergängen.

TIPP „Planten un Blomen" ist mit seiner 4300 Quadratmeter großen Kunsteisbahn und den großen tropischen Gewächshäusern auch im Winter ein Erlebnis.

Japanischer Garten, Marseiller Straße 7, 20355 Hamburg
https://plantenunblomen.hamburg.de
ÖPNV: Bus X35, Haltestelle Hamburg Messe (Eingang Ost)

Einlochen XXL

14 *Swingolf und Fußballgolf in Ochsenwerder*

Auf den ersten Blick könnte man meinen, es ist ein Vatertagsausflug. Ein paar Männer mit Bollerwagen. Ein glückliches Grinsen im Gesicht. So ziehen sie dahin, über eine große Wiese hinweg. Doch statt einer Flasche Bier in der Hand haben sie einen Ball am Fuß. Und wirken auf den zweiten Blick äußerst konzentriert und vom Ehrgeiz gepackt. Sie spielen nämlich Fußballgolf. Auf einem ehemaligen Feld in Ochsenwerder gibt es auf einer Fläche von insgesamt 35.000 Quadratmetern gleich zwei sehr außergewöhnliche Golfvarianten. zum einen das Swingolf, eine auch Bauerngolf genannte Abwandlung des edlen Sports, bei der man ebenfalls den Caddy gegen einen Bollerwagen tauscht, bei dem die Löcher riesig, die Bälle größer und aus weichem Gummi sind und eine Platzreife nicht erforderlich ist. Zum anderen eben Fußballgolf, auch Soccergolf genannt. Die Idee ist witzig – und das Spiel macht Spaß: Der Fußball muss nämlich mit so wenigen Schüssen wie möglich eingelocht werden. Ein Mix aus Ballgefühl und Augenmaß.

Für beide Golfvarianten gibt es 18 Bahnen, wobei die des Fußballgolfs an überdimensionale Minigolf-Bahnen erinnern: Tore, Rohre, Rampen, Autoreifen … Die Spielbahnen sind jeweils zwischen 65 und 300 Metern lang und eine Runde dauert je nach Gruppengröße und Variante zwischen gut einer Stunde und knapp vier Stunden.

Den Ball und die Scorekarte bekommt man auf den Anlagen gestellt. Spaß machen die Golf-Varianten nicht nur Herrengruppen, sie sind auch perfekt für Familienausflüge, Geburtstage oder Betriebsfeiern mit anschließendem Besuch im Dielencafé. Und auch alleine kann man beide Golf-Arten spielen. Ganz konzentriert und mitten in der Natur.

TIPP In der Nähe des Golfplatzes liegt am Spadenländer Elbdeich 40 die Marschländer Elblounge, in der man mit einem herrlichen Blick aufs Wasser toll essen kann.

Swingolf-Hamburg, Gauerter Hauptdeich 105, 21037 Hamburg, Tel. (0 40) 73 74 81 22
www.swingolf-hamburg.de
ÖPNV: Bus 120, 223 und 422, Haltestelle Ochsenwerder Elbdeich 3

Alsterschlösschen

15 *Burg Henneberg an der Alster in Poppenbüttel*

Von manchen Orten geht ja gerade deshalb solch ein Zauber aus, weil man sie eben nicht so einfach erreichen kann. Die Burg Henneberg am Oberlauf der Alster, gleich auf Höhe der Alsterschleuse in Poppenbüttel – und deshalb von ihren heutigen Besitzern liebevoll Alsterschlösschen genannt –, ist so ein Ort. Im Sommer versteckt sie sich fast ganz hinter einem grünen Blätterdach und erst wenn das Laub wieder lichter wird, streckt auch sie wieder ihre Turmspitze hervor. Dann kann man unten an der Alster am gegenüberliegenden Ufer sitzen und den Blick genießen. Auf die Anhöhe gegenüber mit ihrem großen Park, der ehemals im Stile eines englischen Landschaftsgartens angelegt wurde, und dem rund 15 Meter hohen Burgberg, der extra aufgeschüttet wurde, damit darauf von 1884 bis 1887 die wohl kleinste Burg Deutschlands gebaut werden konnte. Dabei sieht sie eigentlich aus, als käme sie direkt aus dem Mittelalter. Und das ist auch nicht zufällig so, denn sie ist einer mittelalterlichen Burgruine nachempfunden.

Zuerst wurde es als Familienarchiv genutzt. Später, in den 1930er-Jahren, probten Chöre in ihr und 1942 kaufte die Stadt Hamburg die Burg. Mit den Jahren verfiel sie, sollte in den 1980er-Jahren sogar abgerissen werden, wurde dann jedoch dank eines privaten Investors gerettet, restauriert und unter Denkmalschutz gestellt. 2013 ging sie an die heutigen Besitzer über, die ein Jahr später die gemeinnützige Stiftung Burg Henneberg gründeten. Die Burg wird nun einem breiten Publikum erlebbar gemacht – mit kulturellen Veranstaltungen, einem Kursprogramm rund ums Thema Gesundheit und als Ort, den man für eigene Veranstaltungen als geschlossene Gesellschaft nutzen kann. Und damit ist er nicht mehr ganz so unerreichbar wie in den Jahren zuvor.

TIPP

Richtig gut essen kann man im „The Locks“ gleich an der Schleuse.

Stiftung Burg Henneberg, Marienhof 8, 22399 Hamburg
www.burg-henneberg.de
ÖPNV: Bus 174, 176, 178, 179, 276 und M24, Haltestelle Schulbergredder

Verliebt in ein Boot

16 *Im Schwanen-Tretboot über die Alsterkanäle*

Er muss ein rechter Trottel gewesen sein, dieser stolze Alsterschwan. Da verliebt er sich doch Hals über Kopf in ein Tretboot! Und wundert sich auch noch, dass seine Liebe nicht erwidert wird. Zugegeben, es war ein sehr hübsches Tretboot – in Form eines Schwans, dem er da mehr als zwei Jahre lang hingebungsvoll hinterherschwamm. Sogar ein Nest baute er seiner viel zu großen Angebeteten. Für die Familienplanung. Immer wieder wartete er am Bootshaus Silwar in Eppendorf auf sie und plusterte sich verführerisch auf. Musste sie arbeiten und mit Gästen über die Alster schippern, folgte er ihr und machte sich dabei ziemlich breit. Oder er wartete einfach geduldig im Bootshaus auf sie und verbrachte dort so manche romantische Nacht mit ihr. Sogar sein Winterquartier verließ der damals rund zehn Jahre alte Schwan für seine Schwanen-Frau – und kämpfte sich durch Schnee und Eis zurück zum Bootshaus Silwar.

Böse Zungen behaupten, es war eine Tretboot-Ente, für die er seine Angebetete verließ. Womöglich hatte er aber auch einfach irgendwann genug von dieser kalten Schönheit, die immer wieder losfuhr. Ohne ihn. Doch während der Schwan irgendwann das Weite gesucht hat, steht das Schwanen-Tretboot noch immer im Bootshaus und tut seine Pflicht. Gemeinsam mit diversen anderen Booten, darunter 1er- und 2er-Kajaks, Tretboote, Katamarane, Holzruderboote, Aquabikes und – klar, das Enten-Tretboot. Sogar Picknickkörbe kann man sich dort leihen. Und dann geht es einfach los: entweder in Richtung der fünf Kilometer entfernten Ohlsdorfer Schleuse oder in die entgegengesetzte Richtung, der ebenfalls fünf Kilometer entfernten Schleuse am Jungfernstieg. Und, wer weiß: Vielleicht verliebt sich ja bald schon wieder der nächste Schwan in das Boot – und sorgt bei der nächsten Tour für stilechte Begleitung.

TIPP Ausgewählte Bootstouren und schöne Ausflugsideen auf dem Wasser gibt es auf der Seite von Hamburg-Tourismus unter www.hamburg.de/kanufahren.

Bootshaus Silwar, Eppendorfer Landstraße 148B, 20251 Hamburg
www.bootshaus-silwar.com
ÖPNV: U1, Haltestelle Hudtwalkerstraße (von dort 5 Minuten Fußweg)

Wie eine große Familie

17 *Der Hof Eggers in den Vier- und Marschlanden*

Er ist so, wie man sich einen Bio-Hof wünscht: nicht zu kommerziell, mit herzlichen Menschen, guten Ideen und ganz viel Tradition. Auf dem bereits seit 1942 unter Denkmalschutz stehenden Hof Eggers nahe der Gose Elbe fallen zuerst die uralten reetgedeckten Gebäude auf. Einige davon noch aus dem 17. Jahrhundert. Bauernhaus und Backhaus, Schmiede, Scheune und Speicher. Überall diese alten Backsteinmauern. Bunte Bauernblumen, die sich daran hochranken. Dann eine Obstwiese mit alten Gartenmöbeln. Platz für Feriengäste, die am Morgen gleich mit einem Frühstück unter Apfelbäumen den Tag beginnen können. Gleich um die Ecke aber auch das Café für die Tagesgäste, ein Hofladen, eine Bio-Gärtnerei, Räume für Feierlichkeiten und überall kleine Nischen und abgetrennte Gärten, in denen man sitzen und den Ort genießen kann. Ein bisschen ist das wie in einer anderen, in einer alten Zeit.

Dass hier biologisch gewirtschaftet wird, ist gar keine Frage. Die Tiere, denen man überall auf dem Hof begegnet, bekommen das, was auf den Feldern wächst. Und sie scheinen wirklich glücklich zu sein. Schafe gibt es da, Kühe, Schweine, Ponys, Hühner, Gänse … Aber auch zahlreiche wild lebende Tiere wie Schwalben und Störche. Denn Letztere waren irgendwann nicht mehr da – und das war eines von vielen Warnzeichen, wie es Landwirt Georg Eggers auf seiner Homepage beschreibt: „Das Verschwinden der Störche auf unserem Hof in der Hamburger Elbmarsch war nur eines von den Warnzeichen. Wie da direkt vor meinen Augen der Niedergang der Vielfalt stattfand, das schmerzte mich schon sehr."

So stellte er seinen Hof bereits 1991 auf ökologischen Landbau um.

Heute ist der Hof ein Treffpunkt für eine so bunt gemischte Gruppe von Menschen, dass man sich einfach nur wohlfühlen kann. Egal, ob man dort einkehrt oder einfach den Hof als Ausgangspunkt für von dort aus beschilderte Wanderungen durch die Natur nutzt. Und dabei zuweilen auch Störche entdeckt – denn die sind wieder da.

Hof Eggers, Kirchwerder Mühlendamm 5, 21037 Hamburg, Tel. (0 40) 72 37 73 85
www.hof-eggers.de
ÖPNV: Bus 225 und 424, Haltestelle Kirchwerder Mühlendamm

Hafenblick

18 *Auf der Klopstockterrasse in Altona*

Etwas versteckt liegt die kleine Bank oben am Hang. Idyllisch zwischen Büschen und Bäumen. Ein bisschen bunt ist sie auch. Von Graffiti. Daneben ein roter Mülleimer. Und nach vorne freie Sicht auf Hamburgs vielleicht schönstes Panorama. Außerdem sind nicht so viele Menschen dort wie nebenan am Altonaer Balkon, und das, wo doch der Blick fast der gleiche ist: weit über den Hafen, auf Norderelbe, Kohlenschiffhafen, die Kräne des Containerhafens, aufs Containerterminal und bis hinüber zur Köhlbrandbrücke mit ihren 88 Stahltrossen, die an zwei 135 Meter hohen markanten Brückenpfeilern aufgehängt sind. Wie ein stählerner Regenbogen überbrückt sie seit den 1970er-Jahren den Köhlbrandt, an dem Norder- und Süderelbe im Westen des Hafens zusammenkommen, und verbindet so den Hafen in Wilhelmsburg mit der A7. 18 Meter tief sind ihre Pfähle in den Boden gerammt. 53 Meter hoch ist sie an ihrer höchsten Stelle. Faszinierend auch der Blick auf schaukelnde Schiffe, kleine Boote, dicke Containerschiffe, ab und an auf Luxusliner, Kreuzfahrtschiffe, ach, eben auf dieses einzigartige Hamburger Hafengewusel. Mächtig und romantisch zugleich.

TIPP Nicht weit und auf jeden Fall sehenswert ist das Auswandererdenkmal der kroatischen Künstlerin Ljubici Malulec an der Kaistraße.

Finden kann man diese kleine Terrasse mit dem wunderschönen Blick, wenn man von der Elbchaussee aus schräg gegenüber der Christianskirche in die Straße Klopstockterrasse hineingeht und an deren Ende, wenn man eigentlich denkt, man kann nicht mehr weitergehen, an der Hauswand vorbeischlüpft – dann steht man genau auf dem kleinen Pfad, der vom Heinepark aus zur Kaistraße führt. Und genau dort stehen auf einem Plateau zwei Bänke. Und meistens sind die auch frei.

Klopstockterrasse, 22765 Hamburg
ÖPNV: Bus 111 und 112, Haltestelle Elbberg

Shoppen am Kanal

19 *Der Wochenmarkt am Goldbekufer in Winterhude*

Knackiges Gemüse, saftiges Obst, frische Eier, duftende Blumen, Brot, Kuchen, Fleisch, Käse, Wurst … Und das alles an vielen Ständen auch in Bio-Qualität. Wer dienstags, donnerstags und vor allem am Haupttag, dem Samstag, zwischen 8.30 Uhr und 13 Uhr über den Goldbekmarkt schlendert, der entdeckt nicht nur einen der schönsten Wochenmärkte Hamburgs, sondern auch einen der grünsten. Und damit sind nicht nur die vielen Obst- und Gemüsestände – in besonders guten Zeiten bis zu 75 einzelne Stände – gemeint, sondern auch das Goldbekufer, das wiederum den Goldbekkanal begrenzt.

Dieser kleine, beschauliche Kanal fließt vom Rondeelkanal, der mit der nördlichen Außenalster verbunden ist, bis hinauf zum Stadtpark. In genau diesem Abschnitt längs des Wochenmarktes hat er einen besonders schönen Uferbereich, den man vor oder nach einem Marktbesuch entdecken und genießen kann. Dazu muss man über die kleine Brücke am Moorfuhrtweg gehen und dann gleich wieder rechts in den kleinen Pfad am Ufer entlang. Hier gibt es vor allem im unteren Abschnitt immer wieder kleine Sitzgelegenheiten am Ufer – mit schönem Blick auf den Kanal, in dem unter anderem Rotaugen, Brassen, Alande und Flusskrebse leben. Außerdem paddeln gerne mal Enten- oder Gänsefamilien vorbei. Das ideale Kontrastprogramm zum bunten Wochenmarkt. Etwa auf der Mitte führt der Weg dann vom Ufer weg und schlängelt sich zuletzt durch einen Kleingartenverein.

TIPP Ein tolles Kulturprogramm gibt es regelmäßig im Kulturzentrum Goldbekhaus (www.goldbekhaus.de).

Außerdem gleich am Markt und herrlich grün: der Goldbekplatz mit seinen beiden Spielplätzen, an dem man gemütlich sitzen und den morgendlichen Marktkaffee trinken kann.

Wochenmarkt am Goldbekufer, Goldbekufer 10, 22303 Hamburg
ÖPNV: Bus 6, 17, 25 und 606, Haltestelle Goldbekplatz

Industrieromantik

20 *Der Elbpark Entenwerder in Rothenburgsort*

Alte Pötte in der Morgensonne, verwitterte Brücken im Abendlicht. Dann eine kleine Bank am Ufer. Unter Bäumen gelegen. Die Sicht frei auf die Elbe. Und das Gefühl, nicht in einer perfekt geplanten Parklandschaft und auch nicht an einem Ort mitten in der Natur zu sitzen, sondern noch immer mitten in der Stadt. So ist das nämlich mit Entenwerder, wo es eher schräbbelig schön ist, echt und ehrlich. Die Halbinsel liegt östlich von der HafenCity und den Elbbrücken und klebt am Südrand von Rothenburgsort, direkt an der Elbe. Um dorthin zu kommen, hat man entweder ein Auto mit Navi oder – noch viel besser – ein Fahrrad.
Mit Letzterem startet man hinter den Deichtorhallen, wo der Radweg einer rund vier Kilometer langen Hochwasserschutzanlage folgt, entlang der Oberhafenkantine, der Hammerbrookschleuse, den Markthallen und einer historischen Kult-Tankstelle bis zur Billhorner Brückenstraße. Dort führt der Weg rechts auf Entenwerder zu.
Früher war der Ort eine Zollstation für Binnenschiffe, die 1997 aber zu einer Parkanlage mit zwei riesigen Wiesen umgestaltet wurde. Auf ihnen gibt es Grillmöglichkeiten, einen Beachvolleyballplatz, Fußballtore und einen Spielplatz. Und direkt am Wasser stehen Bänke mit Sicht auf die alten Kähne und Brücken. Und außerdem präsentiert sich da ein golden glänzendes Kunstwerk: der „goldene Pavillon“ der Architekten Jan Kampshoff und Marc Günnewig von „modulorbeat“, den sie 2007 für die Ausstellung „Skulptur Projekte Münster“ schufen. Mit einer Außenhaut aus goldfarbenem, gelochtem Messing.
Kunst, Coolness und Charakter – so ungefähr kann man es beschreiben, dieses Entenwerder. Oder man schaut demnächst einfach selbst vorbei.

TIPP Unbedingt direkt am Wasser im Café „Entenwerder 1“ Platz nehmen und auf dem Ponton sitzend die Abendsonne genießen.

Elbpark Entenwerder, Entenwerder, 20539 Hamburg
ÖPNV: Bus 530, Haltestelle Entenwerder Stieg

STÖR HAMBURG

21 *Der Stuhlmannbrunnen in Altona*

In Hamburg gibt es immer wieder kleine Oasen mitten in der Stadt. Diese hier ist im Zentrum von Altona, gleich hinter dem Bahnhof. Dort beginnt ein Park, der Platz der Republik, der Lärm und Hektik vergessen lässt und sich bis zum Bezirksamt Altona zieht, diesem schneeweißen Bau hoch über der Elbe, der früher einmal Altonas Bahnhof war. Im Norden des Parks steht der im Jahr 1900 eingeweihte Stuhlmannbrunnen dick und trutzig mitten in der Parkanlage. Im Sommer ist er mit seinem kühlen Wasser sehr erfrischend. In allen nicht so warmen Jahreszeiten sind seine kleinen puttenhaften Figuren einfach nur schön anzuschauen. Und wenn man dann noch die Geschichte des Brunnens kennt, versteht man auch, wie wichtig er einst für Altona war.

Auf dem Brunnen nämlich kämpfen zwei mehr als sieben Meter hohe Zentauren, also Figuren halb Mensch, halb Pferd, mit oder um einen riesigen Fisch. Ein Deutungsversuch ist, dass die Zentauren die damals stets miteinander konkurrierenden Städte Hamburg und Altona symbolisieren. Der Brunnen stammt zwar von dem Berliner Bildhauer Paul Türpe (1859–1944), wurde aber von Günther Ludwig Stuhlmann (1797–1872) gestiftet. Der hatte der Stadt eine große Summe vermacht und verfügt, dass von dem Geld unter anderem ein Brunnen gebaut werden sollte. Thematisch passte das zu ihm, denn Stuhlmann war ein Unternehmer, der in den 1850er-Jahren im damals noch zu Dänemark gehörenden Altona die Konzession für die Gas- und Wasserwerke erhielt und als Gründer und Direktor der „Altonaer Gas- und Wasseranstalt AG" gleich so klug war, das Elbwasser zu reinigen, bevor es in die Leitungen floss. Das war der Grund, warum es 1894 bei der Cholera-Epidemie in Altona nur wenige Tote gab, während im benachbarten Hamburg mehr als 8000 Menschen starben.

Frisches Wasser, das für Leben steht. Herrlich erquickend als Oase in der Großstadt.

Stuhlmannbrunnen, Museumstraße 29, 22765 Hamburg
ÖPNV: S1, 2, 3, 11, 21 und 31 sowie Bus 15, 288 und 601, Haltestelle Bahnhof Altona

Kirschblütenzauber

22 *Der Grünzug Immenhöven in Langenhorn*

Eine rund 500 Meter lange Allee aus blühenden Kirschbäumen kündigt im Stadtteil Langenhorn jedes Jahr im April den Frühling an. Ganz zarte hellrosa Blüten, die wenige Wochen später schon wieder verblüht sind – und dann sanft wie ein flauschiger Teppich auf Weg und Wiesen liegen. Kaum ein anderer Ort in Hamburg zeigt den Wandel der Jahreszeiten so schön wie die Straße Immenhöven, die den U-Bahnhof Langenhorn Nord und die Fritz-Schuhmacher-Allee verbindet und nur einmal kurz von der kleinen Ampel an der Tangstedter Landstraße unterbrochen wird. Angelegt wurde der Grünstreifen bereits zu Beginn der Zwanzigerjahre des vergangenen Jahrhunderts. Damals wurde die Fritz-Schumacher-Siedlung nach den Plänen des legendären Hamburger Oberbaudirektors Fritz Schumacher erbaut und von ihren Mietern im April 1920 bezogen. Doch fehlte der Stadt damals das Geld, auch die Grünanlagen nach Schumachers Plänen anzulegen. Und so waren es die Bewohner selbst, die auf dem kahlen Gemeinschaftsgrün Obstbäume pflanzten, sie pflegten und dort ihr Obst ernteten. Erst 1926 wurde seitens der Stadt der Mittelstreifen so gestaltet, dass ein schmaler Fußweg in der Mitte des Grünstreifens als Allee entstand, die von Japanischen Kirschbäumen gesäumt wurde. Über diese Allee kann man noch heute gehen und die blühenden Bäume genießen, die inzwischen längst neue Exemplare und nicht mehr die der ersten Stunde sind.

TIPP Im „Eiscafé Jacobs", Immenhöven 23, kann man köstliches Eis kaufen und sich damit unter die Kirschbäume setzen.

Benannt wurde die Straße Immenhöven übrigens als Erinnerung an die Bienenzucht, die in Langenhorn schon immer Tradition hatte.

Immenhöven, 22417 Hamburg
ÖPNV: U1, Haltestelle Langenhorn Nord

Antjes Erben

23 *Das Eismeer vom Tierpark Hagenbeck in Niendorf*

Walross Antje war in den 1980er-Jahren das Maskottchen des NDR, lebte ein langes, gutes Leben im Tierpark Hagenbeck und starb 2003 im greisen Walrossalter von 27 Jahren. Was Antje gefreut hätte: Ihre Nachfahren haben bei Hagenbeck ein wahres Paradies – und das gilt sowohl für Tiere als auch für Besucher. Denn das 2012 eröffnete Eismeer mit insgesamt 1200 Quadratmeter Wasserfläche und 5,3 Millionen Liter Wasser ist ein wahres Wunderwerk im sowieso schon beeindruckenden familiengeführten Traditionstierpark mit seiner 19 Hektar großen Fläche und den rund 1850 Tieren in weitläufigen Freigehegen. Sieht man Eisbären, Pinguine und Walrosse zuerst noch draußen in riesigen Wasserbecken schwimmen, so trifft man sie dann in einem 8000 Quadratmeter großen unterirdischen Areal wieder – und kommt sich dabei selber fast vor wie ein mutiger Polarforscher.

Neben Tafeln mit Informationen über die Eismeere sieht man auf dem rund 750 Meter langen Weg die Tiere in ihren Becken tauchen, und das hinter riesigen Glaswänden. Plötzlich ist man nur noch Zentimeter entfernt vom bis zu 1900 Kilogramm schweren Pazifischen Walross. Und das bei nahezu arktischen Temperaturen. Denn die müssen sein, damit sich die Bewohner von Arktis und Antarktis – darunter Walrosse, Seebären und Humboldt-Pinguine – auch in Hamburg wohlfühlen. Für diese naturnahen Bedingungen sorgt eine moderne Kälte- und Wassertechnik. Zwischendurch taucht man in einer begehbaren Voliere mit arktischen Seevögeln wie Eisenten, Küstenseeschwalben und Prachteiderenten wieder auf, bevor der Weg noch einmal in die eiskalte Welt der Pinguine geht. Im Sommer die perfekte Abkühlung, im Winter eine spannende Expedition. Und immer wieder ein neues Erlebnis in einer faszinierenden Welt aus Eis.

TIPP Im Sommer mischt sich unter die Seevögel auf der Spitze der künstlichen Eisberge zuweilen auch ein Storch.

Tierpark Hagenbeck, Lokstedter Grenzstraße 2, 22527 Hamburg, Tel. (0 40) 5 30 03 30
www.hagenbeck.de
ÖPNV: U2, Haltestelle Hagenbecks Tierpark

In Balance

24 *Stand-Up-Paddling auf der Alster*

Dass Konzentration und Entspannung so nah beieinanderliegen, spürt man, wenn man stehend sanft übers Wasser gleitet, das Paddel dicht am Board entlangzieht und geräuschlos und glücklich an den schönsten Orten der Alster vorbeifährt. Da hängen Trauerweiden ins Wasser. Menschen liegen am Ufer in der Sonne. Gärtner mähen vor den Villen den Rasen. Und auf manch einer Brücke schauen Passanten aufs Wasser und sehen den Booten zu – und eben auch den Menschen beim Stand-Up-Paddling (SUP).

Die Stehpaddler gehören längst zum Stadtbild der Hansestadt dazu. Vor einigen Jahren war das noch anders, da wurden die Leute, die da so ganz ohne Segel auf ihrem Board standen, neugierig beäugt. Durchgesetzt hat sich der Sport dann rasend schnell. Insofern ist es auch kein Wunder, dass inzwischen eine Vielzahl von Angeboten rund um das Thema SUP zu finden ist. Inzwischen gibt es nicht nur immer ausgereiftere Stand-Up-Paddel-Boards, sondern auch eine aufblasbare Variante, die den Transport erleichtert. Denn nach ersten Anfängerstunden sind viele so begeistert, dass sie sich ihr eigenes Board kaufen.

Anfänger- und natürlich auch Fortgeschrittenen-Kurse kann man an vielen Orten in Hamburg machen. Meistens dort, wo man sich die Boards auch mieten kann. Der SUP Club Hamburg zum Beispiel bietet nicht nur Basis-Kurse und darauf aufbauende Technik-Kurse und Workshops an, sondern auch geführte Alster-Fleet-Touren über die schönsten Alsterkanäle. Oder Business-SUP-Kurse zur Kundengewinnung. Außerdem kann man Kurse im SUP-Yoga buchen: Atemübungen, Balanceübungen und Meditation sanft schaukelnd unter freiem Himmel. Und wem das alles noch immer nicht ausreicht: Sogar spezielle Hunde-Kurse gibt es auf dem SUP. Schließlich will man seinen liebsten Kumpel nicht immer zu Hause lassen, wenn man abends mit dem Board seine Alster-Runden dreht.

SUP Club Hamburg, Isekai 1/Ecke Iseplatz, 20249 Hamburg, Tel. (01 51) 65 10 27 49
www.supclubhamburg.de
ÖPNV: U3, Haltestelle Eppendorfer Baum

Reise durch die Zeit

25 *Das Museumsdorf in Volksdorf*

Eine Ziege steht hoch aufgerichtet auf den Hinterbeinen am Zaun und begrüßt jeden Besucher mit einem freundlichen Meckern. Drüben an der alten Scheune stehen zwei dicke Kaltblüter und warten geduldig, bis der Schmied ihnen neue Hufeisen verpasst hat. Auf der alten Kutsche liegt eine pechschwarze Katze und genießt faul die Nachmittagssonne. Und das alles inmitten von historischen Katen, windschiefen Schuppen und uralten Scheunen. Im Museumsdorf Volksdorf, Hamburgs einzigem Museumsdorf, fühlt man sich wie aus der Zeit gefallen, wenn man unter blühenden Bäumen und auf geschwungenen Pfaden entlangläuft und dabei das Leben in einem alten Bauerndorf des 18. und 19. Jahrhunderts und noch früher entdeckt. Da gibt es unter anderem Bauernhäuser wie das Spiekerhus von 1624, den Harderhof und den Wagnerhof, es gibt die alte Grützmühle von 1841, eine alte Schmiede, in der heute Schmiedekurse gegeben werden, und es gibt „Emmis Krämerladen", in dem man noch einkaufen kann wie im vorletzten Jahrhundert – und dabei auch noch von freundlichen Menschen in alten weißen und mit Spitze besetzten Trachten bedient wird.

TIPP Regelmäßig bietet das Museumsdorf Führungen durch die Gebäude, aber auch Veranstaltungen, Workshops und Feste an.

Neben Tieren wie Puten, Enten, Pferden, Kaninchen und Schafen – zumeist alte Haustierrassen – gibt es auch einen Schauacker und einen niederdeutschen Bauerngarten mit mehr als 40 verschiedenen Würz- und Heilkräutern. Ein Ort des Lernens und Entdeckens inmitten der Natur. Und damit auch wirklich jeder die Möglichkeit hat, in die Geschichte der Landwirtschaft, alter Berufe und historischer Gemäuer einzutauchen, ist der Eintritt ins Dorf an veranstaltungsfreien Tagen jeweils dienstags bis sonntags zwischen 9 und 17 Uhr kostenlos. Tiere kuscheln, die Natur genießen, Kräuter schnuppern und sich in alte Zeiten hineinträumen inklusive!

Museumsdorf Volksdorf, Im Alten Dorfe 46-48 ,22359 Hamburg
www.museumsdorf-volksdorf.de/index.html
ÖPNV: U1, Haltestelle Volksdorf (von dort 5 Minuten Fußweg)

Tanzende Schmetterlinge

26 *Das Naturschutzgebiet Schnaakenmoor in Rissen*

Wer in das Forstrevier Klövensteen fährt, denkt zuerst wahrscheinlich an Wald. Weite Spaziergänge unter Bäumen und auf einem raschelnden Bett aus Laub. Dann aber ist da diese weite Fläche. Und die gehört bereits länger dorthin als der riesige Wald, der im 19. Jahrhundert erst von Menschen gemacht wurde. Damals nämlich wurde aufgeforstet und so die Landschaft verändert. Schon seit dem Mittelalter hatte der Mensch eingegriffen in dieses Gebiet. Es war Teil einer Landschaft aus einem über 100 Kilometer langen Binnendünenzug, in dem kleine Moore lagen, und die sich bis zum heutigen Nord-Ostsee-Kanal erstreckte. Im Schnaakenmoor kann man sich also noch vorstellen, wie das damals war. Und man kann eintauchen in eine außergewöhnliche Natur: Seggen und Binsen, Glocken- und Feuchtheiden, Trockenrasen und Sandheiden. Und auch zum Teil gefährdete Tierarten lassen sich im Schnaakenmoor entdecken, darunter Kreuzottern, Moorfrösche, Kreuz- und Knoblauchkröten und weit mehr als 100 verschiedene Arten Schmetterlinge. Außerdem zum Teil seltene Vögel wie Heidelerchen, Baumfalken und Flussregenpfeifer. Einen der schönsten Blicke auf die weite Fläche des Moores hat man, wenn man am Waldspielplatz Klövensteen den Klövensteenweg verlässt und den Weg Schnaakenmoor entlangläuft. Etwa an der Stelle, wo der Weg als Feldweg 85 weitergeht, stehen zwei Holzbänke. Dort kann man wunderbar sitzen und in die Weite schauen. Dann tut sich nämlich diese einzigartige Landschaft ganz besonders vor einem auf. Mit ihren weiten Moorwiesen, den kleinen Tümpeln, ein paar Bäumen im Hintergrund und – je nach Jahreszeit und mit etwas Glück – ganz vielen tanzenden Schmetterlingen.

Apropos tanzen: Das Schnaakenmoor hieße nicht Schnaakenmoor, wenn es dort nicht auch die eine oder andere Mücke gäbe. Aber die summen mehr, als dass sie stechen, und gehören ebenso hierher wie all die anderen Tiere, Pflanzen und die Schönheit der Natur.

Schnaakenmoor, 22559 Hamburg

ÖPNV: S1, Haltestelle Rissen (von dort ca. 40 Minuten Fußweg)

Puschel-Rinder

27 *Die Galloways am Höltigbaum in Rahlstedt*

Sie laufen einem nicht gleich mit einem lauten „Muh" entgegen. Vielmehr wollen sie entdeckt werden, die mehr als 100 puscheligen Galloway-Rinder, die da mal einzeln und mal als Herde auf riesigen Wiesen zwischen Hügeln, Bächen und kleinen Baumgruppen grasen. Weide an Weide mit nicht minder sehenswerten Bentheimer Landschafen und Thüringer Waldziegen. Doch nicht nur diese sogenannten Robusttierrassen, die fürs ganzjährige Abweiden der riesigen Wiesen zuständig sind, können im Naturschutzgebiet Höltigbaum besucht werden.

Das länderübergreifende Areal, das gut zu gleichen Teilen in Hamburg und Schleswig-Holstein liegt und mit dem angrenzenden „Ahrensburger Tunneltal" und dem „Stellmoorer Tunneltal" einen überregional bedeutsamen und mehr als 100 Hektar großen Schutzgebietskomplex bildet, ist ein nach der Weichseleiszeit entstandenes Tal. Weit und dennoch hügelig. Auf Hamburger Gebiet gehört es zum Bezirk Wandsbek und zum Stadtteil Rahlstedt, in Schleswig-Holstein zur Gemeinde Stapelfeld im Kreis Stormarn. Es bietet ein fast fünf Hektar großes Schaugehege, eine riesige Hundeauslaufwiese, weite Freizeitflächen zum Picknicken und Chillen und drei thematische Rundwanderwege: den „Gallo-Way" über die Geschichte des Geländes und seine tierischen Bewohner, die „Gletscher-Spur" zur eiszeitlichen Entstehung des Gebietes und den „Entdeckerpfad", den jeder auf eigene Faust erkunden kann.

TIPP Unbedingt die interaktive Naturkundeausstellung „Haus der wilden Weiden" auf dem Gelände besuchen (www.hoeltigbaum.de/haus-der-wilden-weiden).

Egal, für welchen Pfad man sich auch entscheidet: Überall stößt man nicht nur auf große Weidetiere, sondern allgemein auf eine üppige Tier- und Pflanzenwelt, die da im äußersten Nordosten von Hamburg ihren Raum hat – von bunten Libellen über Kröten, Frösche und krabbelige Käfer bis hin zu Vogelarten wie Goldammer, Neuntöter und Grünspecht.

Stiftung Natur im Norden, Eichberg 63, 22143 Hamburg, Tel. (0 40) 18 04 48 60 10

ÖPNV: ab Bahnhof Rahlstedt Bus 462, Haltestelle Naturschutzgebiet Höltigbaum

Gärten des Glücks

28 *Die Beete auf der Meenkwiese in Eppendorf*

Urban-Gardening-Projekte gibt es inzwischen an vielen Orten in Hamburg. Aber dieser von Bürgern angelegte Garten ist noch etwas ganz anderes. Etwas Besonderes. Keine Beete mit Gurken und Radieschen. Keine Fruchtfolgen und kein Erntefest. Die Gärten auf der Meenkwiese, die gleich an der Alster liegt und über eine kleine Brücke mit dem Haynspark verbunden ist, sind anders. Jeder ein kleines Kunstwerk. Jeder sehr besonders. Jeder einzigartig.

Entstanden sind die Gärten 2013 durch engagierte Bürgerinnen und Bürger, die sich dafür einsetzen wollten, dass die Meenkwiese schöner und einladender wird. Weg mit den Brennnesseln, dachten sie. Und hin mit Fantasie, Spaß, Gemeinschaft und blühenden Beeten. Das hatte irgendwann auch die Behörde verstanden und den Hobbygärtnern die Erlaubnis gegeben, die Meenkwiese zu verschönern. Danach übernahm je ein Pate eine Parzelle am langen Beet längs der alten Ufermauer, hinter der die Alster fließt. Zum Park hin verläuft genau dort auch der Weg – und so lässt sich heute herrlich an den Beeten entlangschlendern.

TIPP Am Eingang der Meenkwiese steht ein Schild, auf dem zum Mitmachen eingeladen wird. Infos unter (01 79) 5 46 79 33.

Es sind kleine Orte voller Fantasie und mitunter voller winziger Details, von denen man manche erst beim dritten oder vierten Besuch oder erst nach langem Hinsehen entdeckt. Jeder Garten hat dabei sein eigenes Thema, nach dem er gestaltet ist. Da gibt es unter anderem einen Zaubergarten, der mit Muscheln eingefasst ist. Oder einen sehr einladend wirkenden Garten mit einer Bank und einer Lesekiste mit Büchern daneben. Man entdeckt einen mit Konservendosen eingerahmten Küchengarten, außerdem einen Medizingarten und: einen Kunstgarten. Der ist sehr außergewöhnlich, denn in ihm stehen nicht nur kleine Kunstwerke, sondern er ist auch so angelegt, dass er – je nach Perspektive – immer anders wirkt. Man kann sich sogar in ihm auf einen Stuhl setzen und in aller Ruhe den Blick schweifen lassen.

Meenkwiese, 20251 Hamburg
ÖPNV: U1, Haltestelle Lattenkamp

29 *Der Schlosspark in Bergedorf*

Wenn man da so sitzt, zwischen romantischen Brücken und blühenden Rosenbüschen, sieht man sie durch den Park tollen, die kleinen Prinzessinnen und Prinzen von einst. Man träumt von adeligen Romanzen und dramatischen Szenen aus der Vergangenheit. Träumt, wie das damals war, als die alte Wasserburg, die der Graf Albrecht von Orlamünde 1220 mithilfe der Vierländer Bauern zum Schutz der wichtigen Handelsstraße hatte erbauen lassen, mit den Jahren immer wieder die Besitzer wechselte und zum Bergedorfer Schloss wurde. Eine inmitten des einstigen Städtchens stehende Backstein-Romantik mit gestuften Giebeln und vielen kleinen Fenstern. Träumen – was doch niemals war. Denn die 30 mal 30 Meter große Vierflügelanlage, die von einem Wassergraben umgeben ist, war nie der Sitz von Adelsfamilien. Sie diente zuerst als Verteidigungsanlage, war dann die Residenz der Herzöge von Sachsen-Lauenburg und später, als sich Hamburg und Lübeck die Stadt Bergedorf und damit auch das Schloss teilten, war das Bergedorfer Schloss mal Gerichtsstand, mal Sitz der Polizei. Vom Schloss aus wurde Bergedorf verwaltet, bevor es ab 1920 ein eigenständiges Rathaus und Gerichtsgebäude gab.

TIPP Unbedingt das im Bergedorfer Schloss untergebrachte Museum für Bergedorf und die Vierlande besuchen (www.bergedorfer-museumslandschaft.de/ueber-uns/schloss).

Der seit 1926 unter Denkmalschutz stehende Schlosspark wurde erst nach Ende der französischen Besatzung, also nach 1814, zu einem Park erweitert und Jahre später öffentlich zugänglich gemacht.

Heute ist der Park ein perfekter Ort, um seinen Gedanken nachzuhängen. Unter alten Bäumen und zwischen idyllisch geschwungenen Wegen, auf denen die Sicht auf das Schloss hinter jeder Kurve wieder eine andere ist. Nie langweilig, immer inspirierend. Erdend. Und wer es dann doch gerne im Park etwas geselliger haben will, für den gibt es Spielplätze, Cafés, eine Rollschuhbahn und dienstags und freitags vormittags einen sich bis in den Park hineinziehenden Wochenmarkt.

Schlosspark, Bergedorfer Schloßstraße 4, 21029 Hamburg
ÖPNV: S21, Haltestelle Bergedorf (von dort 10 Minuten Fußweg)

Blankenese-Blick

30 *Am Este-Sperrwerk in Cranz/Neuenfelde*

Hinter uns liegt der Weg ins Alte Land, immer der Este entlang. Dieses gut 62 Kilometer lange Flüsschen, das am Westrand der Lüneburger Heide entspringt, fließt genau hier in die Elbe: am Sperrwerk Neuenfelde. Hinter der mächtigen Hebebrücke, die die Hamburger Stadtteile Cranz und Neuenfelde trennt, sind jeweils Aussichtsplattformen mit Bänken. Von dort aus bietet sich ein weiter Blick, der einem ein bisschen das Gefühl gibt, selber auf einem Schiff zu sein: Man sieht die Wellen, den Schlick, spürt die Weite und entdeckt an der gegenüberliegenden Uferseite einen der schönsten Orte in Hamburg: das Treppenviertel von Blankenese. Weiße Häuser am Berg.

Nach links geht der Blick hinüber zu der winzigen Insel Schweinesand. Sie ist ein Teil des 645 Hektar großen Naturschutzgebietes Mühlenberger Loch/Neßsand, auf dem sich die Bundesländer Hamburg, Niedersachsen und Schleswig-Holstein treffen. Schweinesand ist nur mit einem eigenen Boot zu erreichen. Nach rechts wiederum geht der Blick zur gigantischen Airbus-Werft von Finkenwerder, wo auf der inzwischen 3183 Meter langen Start- und Landebahn in den 1960er-Jahren der dritte Prototyp der Transall C-160 seinen Erstflug machte und heute nicht nur die Erstflüge der neuen Maschinen starten und landen, sondern auch der einem Wal ähnelnde Fracht-Airbus Beluga. Egal also, ob Träumer, Naturliebhaber oder Flugzeug-Fans, auf den Bänken am Este-Sperrwerk hat jeder viel zu entdecken. Und auch die Wege dorthin sind ein Genuss: Entweder nimmt man in Blankenese die Fähre – übrigens eine uralte Fährverbindung, die schon 1301 erstmals erwähnt wurde – und hat bei der Überfahrt ein bisschen das Gefühl von Urlaub. Oder man verbindet die Rast mit einer Fahrradtour durchs Alte Land. Schöne Wege führen dann zum Teil direkt an der Este vorbei, über die übrigens auch die Fähre noch ein Stückchen bis Cranz weiterfährt.

TIPP Gleich an der Aussichtsplattform werden Speisen und Getränke angeboten.

Sperrwerk Neuenfelde, 21129 Hamburg
ÖPNV: Fähre HBEL, Haltestelle Sperrwerk Neuenfelde

Wie vor 100 Jahren

31 *Der Wacholderpark in Fuhlsbüttel*

Er ist ein Gesamtkunstwerk. Und doch so leicht und luftig, so volksnah und unspektakulär. Der rund 10.000 Quadratmeter kleine Wacholderpark liegt nur wenige Schritte von der U-Bahn-Station Fuhlsbüttel entfernt auf der Ecke zwischen Wacholderweg und Bergkoppelweg. Er wurde 1910/11 im Zuge der Wohnbebauung extra für die Menschen im Viertel angelegt. Geplant – man könnte auch sagen: komponiert – hat ihn der Landschaftsarchitekt und Gartenreformer Leberecht Migge (1881–1935), der damals künstlerischer Leiter des Hamburger Standortes der für außergewöhnlichen Gartenbau bekannten Firma Jacob Ochs war.

Das Besondere: Die Mitte des Parks bildet eine große, von einem schmalen Trampelpfad durchzogene Wiese, die von zwei Seiten von romantischen Lindenlaubengängen gesäumt wird. Durch deren Arkaden bietet sich ein schöner Blick in die Weite. Wenn die Sonne scheint, brechen schmale Lichtstrahlen durch das lauschige Blätterdach und werfen immer neue leuchtende Muster auf den hellen Schotterweg. Da kommt man sich vor wie in einer Mischung aus spannendem Geheimgang und lichter Gartenlaube.

TIPP Folgt man dem Wacholderweg weiter, kommt man auf den Erdkampsweg mit kleinen Läden und Cafés.

Auf der hinteren Seite des Parks liegt unter uralten, knorrigen und Schatten spendenden Rotbuchen ein kleiner Kinderspielplatz, der von alten weißen Bänken umgeben wird. Daneben gibt es noch ein Birkenwäldchen. Genau wie die Wiese und die Laubengänge waren auch der Spielplatz und die Birken schon zu Migges Zeiten da. Auch wenn es den eigentlichen Haupteingang und einen Garten mit Stauden heute nicht mehr gibt, ist die Grundstruktur des inzwischen unter Denkmalschutz stehenden Gartens geblieben. Heute wie damals gilt er als Beispiel für die Reform der Gartenarchitektur vor dem Ersten Weltkrieg.

Und kommt man dann gehetzt aus der Bahn, hat man ein bisschen das Gefühl einzutauchen: in einen sehr besonderen Ort und in eine Zeit, die lange zurückliegt.

Wacholderpark, Wacholderweg 19, 22335 Hamburg
ÖPNV: U1, Haltestelle Fuhlsbüttel

Das Glück der Erde ...

32 *Reiten im Alstertal bei Duvenstedt*

Findus ist ein Rheinisch-Deutsches Kaltblut – und eindeutig der Boss. Balder ist ein quirliger Norweger und läuft gerne mal neugierig vorweg. Date V ist ein sächsisches Warmblut und noch in der Ausbildung. Und Bjarki, ein hübscher, kleiner Isländer-Rappe, ist die Ruhe selbst. Das liegt aber nicht daran, dass er behäbig oder verschlafen ist – nein! Die drei Ponys sind einfach richtig gut ausgebildete Therapiepferde: In der Woche arbeiten sie mit großer Geduld im Rahmen des Reit- und Naturprojektes des Vereins „Op de Wisch" mit Menschen mit psychischen Problemen oder geistigen und körperlichen Beeinträchtigungen und machen sie fürs Leben stark. Heilpädagogisches bzw. sozialintegratives Reiten nennt sich das.

Und an den Wochenenden und in den Ferien? Da traben die vier Ponys mit bunt gemischten Kindern, Jugendlichen und gerne auch mal Erwachsenen durch die Natur im idyllischen Stadtteil Duvenstedt. Gudrun Sailer-Maaß, Leiterin der pferdegestützten pädagogischen und therapeutischen Maßnahmen, bietet Ferien-Workshops für große und kleine Pferdeflüsterer, Reitabzeichen-Kurse, Indianer-Wochenenden, weihnachtliche Krippenspiele zu Pferd, Ausritte im Wald oder gemeinsame Sommer-Camps an, außerdem natürlich ganz normalen Reitunterricht für Klein und Groß. Vor und nach den Reitstunden – ganz wichtig – wollen Bjarki, Balder, Date V und Findus natürlich geputzt und beschmust werden. Außerdem liegt ihr Stall idyllisch zwischen Wiesen und Wäldern. Das ist nicht nur perfekt für lange Ausritte. Es gibt auch viel Platz für geselliges Zusammensein, außerdem schnatternde Laufenten, gackernde Hühner und neugierige Katzen. Eine Idylle am Rande der Großstadt.

TIPP Nach dem Ausritt gibt es im Eisgarten am Duvenstedter Damm 56 tolle Eisbecher an Holztischen unter freiem Himmel.

Egal ob für Klein oder Groß, für Pony-Kurse oder inklusives Reiten, einzeln oder in der Gruppe – jeder, der Spaß am Reiten hat und Findus und sein Team kennenlernen möchte, kann bei Gudrun Sailer-Maaß in die Welt der Pferde eintauchen!

Op de Wisch e. V., Gudrun-Sailer-Maaß, Tel. (01 70) 4 52 05 35

Von Kunst umgeben

33 *Der Jenischpark in Klein Flottbek*

Wenn man da oben am Geesthang steht und hinüber über die Elbe schaut, dann hat man ja eigentlich schon das Schöne im Blick: die Weite, die Wellen und das Glitzern des Wassers. Dieser Blick begeisterte wohl damals auch den Kaufmann und Sozialreformer Caspar Voght (1752–1839), der den heutigen Park mit zahlreichen umliegenden Ländereien kaufte und gemeinsam mit einem Landschaftsarchitekten ein Mustergut anlegte: eine über einen Rundweg erschlossene Parklandschaft mit darin eingebetteten Nutzflächen, aber auch kleinen Waldstücken und Gebäuden wie Brücken und Hütten. Und dann hatte der Kaufmann und Senator Martin Johan Jenisch (1793–1857) diesen Blick, nachdem er 1828 einen Teil der Flächen kaufte und den südlichen Teil durch den Landschaftsgärtner Johann Heinrich Ohlendorff gestalten ließ – mit Gewächshäusern für seine Orchideen, Palmen und Kakteen, Toren, Gärten, Wegen und: einem schneeweißen Herrenhaus, dem heutigen Jenisch Haus.
Und damit sind auch wir wieder beim Schwelgen. Denn nicht nur der Blick über die Elbe ist es, der den Besucher des Parks mit Schönem umgibt. Es ist auch die Kunst, die einem im Park an jeder Ecke begegnet, in Form von drei ganz unterschiedlichen Museen: Da ist das von 1831 bis 1834 nach Entwürfen von Franz Gustav Forsmann und Karl Friedrich Schinkel erbaute Jenisch Haus, in dem es Sammlungen und wechselnde Ausstellungen gibt. Nur wenige Schritte davon entfernt steht das moderne Ernst Barlach Haus, das viele der Hauptwerke des expressionistischen Bildhauers, Zeichners und Schriftstellers Ernst Barlach (1870–1938) zeigt und immer wieder wechselnde Ausstellungen zur Kunst der Klassischen Moderne und der Gegenwart beherbergt. Und gleich daneben befindet sich das Bargheer Museum, das den riesigen Nachlass des Hamburger Malers Eduard Bargheer (1901–1979) in wechselnden Ausstellungen präsentiert.
Ein Besuch im Park und zugleich der Blick auf so viel Schönheit – drinnen und draußen.

Jenischpark, Baron-Voght-Straße 50, 22609 Hamburg

ÖPNV: S1/S11 bis Klein Flottbek (von dort 10 Minuten Fußweg), HADAG-Dampfer Linie 62 von Landungsbrücken nach Finkenwerder und von dort mit Linie 64 nach Teufelsbrück

Schafe kraulen

34 *Entlang der Elbdeiche im Spadenland*

Das Spadenland in den Vier- und Marschlanden ist ein beschauliches Fleckchen Erde – und auch ohne genaue Zahlen zu kennen, mag man vermuten, dass dort wohl mehr Schafe als Menschen leben. Menschen jedenfalls gibt es knapp 500 auf den gerade einmal 3,4 Quadratkilometer Spadenland. Aber Schafe ... Wer mit dem Rad den schönen, breiten Weg neben dem Elbdeich entlangfährt, verliert schnell den Überblick. Man kommt einfach nicht durch mit dem Zählen. Viel zu wuselig ist das, wenn sie über den Deich laufen. Tierische Rasenmäher, die die Grasnarbe kurz halten und die Deichoberfläche platt trampeln. Beides ist wichtig, nicht nur für die Schafe. Denn so halten die Deiche Hochwasser und Sturmfluten besser stand.

Die Schafe sind nicht nur gute Rasenmäher, sie sind auch unglaublich niedlich, wenn sie einen bei einer Radtour oder einem Spaziergang durchs Spadenland mit ihren dunklen Augen neugierig anschauen, träge in der Sonne dösen oder sich versonnen das buschige Fell kraulen lassen. Und die Deiche – die spielten im Spadenland schon immer eine wichtige Rolle. Bei einer möglichen Sturmflut zum Beispiel, das wissen die Leute, gibt es eine Sammelstelle an der Bushaltestelle Spadenländer Elbdeich. Als übrigens 1999 und 2000 der Deich erhöht und die Deichlinie rückverlegt wurde, mussten viele alte Häuser weichen, aber es entstand auch neues Leben: Aus der Spadenländer Spitze wurde wieder eine typische Elbauenlandschaft, die heute Teil des Naturschutzgebietes Auenlandschaft Norderelbe ist und bedrohten Tieren und Pflanzen neuen Lebensraum gibt. Selbst der Name Spadenland hat etwas mit dem Deich zu tun. Er rührt aus dem alten Deichrecht her. Dieses Spadelandsrecht bedeutete, dass sich jeder Anwohner selbst um die Pflege des lebensnotwendigen Deichs kümmern musste, sonst drohte ihm – nach dem Motto „Wer nich diken wull, mut wiken!“ (Wer nicht deichen will, muss weichen) der Verlust seines Grundstückes. In Höhe des Anwesens wurde symbolisch ein Spaten in den Deich gesteckt.

Spadenländer Elbdeich, 21037 Hamburg
ÖPNV: Bus 220 und 222, Haltestelle Spadenländer Elbdeich

Meditative Tour

35 *Die Alster zwischen Eppendorf und Ohlsdorf*

Es hat etwas Befreiendes, fast schon Meditatives, wenn man mit zügigen Schritten den schmalen Wanderweg zwischen den Haltestellen Lattenkamp und Ohlsdorf entlangläuft. Schritt für Schritt. Immer nur den einen Weg entlang. Knapp anderthalb Stunden stadtauswärts, rechts der Alster. Den schmalen Fluss neben sich. Den Blick auf immer neue Ufervarianten gerichtet: Da kommt zuerst gleich hinter dem Spielplatz Meenkwiese ein bisschen Industrie-Charme mit kleinen Brücken und Bootsverleihen. An den Wänden Graffiti. Ein Stück weiter beginnen rechts gepflegte Kleingärten. Oder sagen wir: die Luxusvariante des gemeinen Schrebergartens – mit bunten Holzhäuschen, eleganten Terrassen, schicken Gartenmöbeln und prachtvoll blühenden Gärten. Und während man sich daran noch lange nicht sattgesehen hat, tauchen zeitgleich links stattliche Villen auf – zumeist mit eigenen Bootsanlegern, eleganten Gärten und kleinen Pavillons. So wechselt es sich ab, dieses Ufer. Bis es immer grüner und parkähnlicher wird und man zum Schluss über einen kleinen Berg in Ohlsdorf ankommt, nur wenige Meter hinter der Fuhlsbütteler Schleuse.

TIPP Den Friedhof Ohlsdorf besuchen, den mit 389 Hektar größten Parkfriedhof der Welt.

Nach deren Bau 1913 hatte Hamburgs damaliger Oberbaudirektor Fritz Schumacher (1869–1947) ein Konzept zur Kanalisierung der Alster auf dem gut vier Kilometer langen Stück zwischen Eppendorf und Ohlsdorf, das man auch Alsterstreek nennt, vorgelegt. Und wenn man das kennt, versteht man auch, warum dieser Weg so besonders ist, denn nicht nur das, was man an den Ufern der Alster sieht, macht den Spaziergang zu einem Genuss – es sind die Ufer selbst, die auf eine schlichte, schöne Art besonders sind. Denn Schumacher hat sie im Zuge einer künstlichen Begradigung mit einer strengen architektonischen Fassung aus dicken Böschungsmauern, eleganten Terrassen und Becken geprägt. So findet man immer wieder kleine Picknickplätze, Pavillons und grobe Mauern, die in Brücken übergehen und sich unauffällig ins Gesamtbild einfügen.

Zwischen Lattenkamp, 22299 Hamburg, und Im Grünen Grunde, 22337 Hamburg
ÖPNV: U1, Haltestelle Lattenkamp

Eigene Ernte

36 *Urban Gardening im FuhlsGarden*

Morgens über die Wiese stapfen. Die frische, kühle Luft atmen. Und überall kleine Schätze entdecken: knackige Karotten, frische Salate, saftige Gurken, süße Beeren, duftende Kräuter … Dazu braucht es gar nicht unbedingt das eigene Häuschen auf dem Land. Auch mitten in Hamburg gibt es Gärten, in denen gepflanzt, gepflegt, geerntet und gegessen wird. Gemeinsam. Mit viel Spaß. Eines dieser sogenannten Urban-Gardening-Projekte ist der FuhlsGarden in Barmbek, auf dem „Grabeland" in Barmbek-Nord im Grünzug am Langenfort gelegen. In der Erde und in zahlreichen Hochbeeten aus Holz wachsen da unter anderem Bohnen, Erdbeeren, Mangold, Rote Bete, Paprika, Kohlrabi, Kürbisse, Kartoffeln, Gurken, Radieschen und Tomaten. Es gibt Sträucher mit Beeren und einige Obstbäume. Alles wird nach den Kriterien für ökologischen Landbau und Permakultur angebaut. Außerdem wird auf die Verwendung samenfester Sorten geachtet, denn so kann man sein eigenes Saatgut gewinnen. Nachhaltiges Gärtnern – dazu passt auch das freundlich summende Wildbienen-Völkchen.

TIPP Noch mehr Urban-Gardening-Projekte in Hamburg finden sich unter www.hamburg.de/stadtleben/4127050/urban-gardening.

Überall im FuhlsGarden finden sich Nischen und gemütliche Orte, an denen man sich nach getaner Arbeit erholen und miteinander plaudern kann. Das rund 2400 Quadratmeter große Gelände teilen sich die Hobbygärtner mit der Kita „Die Kleinen Strolche", was verbindend ist für Jung und Alt. Fast jeden Sonntag ist der Garten von 15 bis 17 Uhr für interessierte Besucher geöffnet. Dazu gibt es gemeinsame Aktionen, Koch- und Grillabende, Kübelwettstreite und Erntefeste. Weder eine Mitgliedschaft ist nötig noch muss man einen Beitrag zahlen. Jeder ist im FuhlsGarden willkommen, ganz egal, ob Alt oder Jung, Frau oder Mann, egal welcher Herkunft oder welche Kenntnisse in Sachen Buddeln und Ernten. Der FuhlsGarden ist so bunt wie sein Stadtteil – und wie die Ernte, die nach getaner Arbeit am liebsten gemeinsam genossen wird.

FuhlsGarden, Steilshooper Straße/Ecke Langenfort, 22307 Hamburg
www.fuhlsgarden.de
ÖPNV: Bus 17, 177 und 617, Haltestelle Langenfort

ohlsGarden

Bachgeplätscher

37 *Das Rodenbeker Quellental in Bergstedt*

Ein flirrend heißer Sommertag. Und der Wunsch, unter kühlenden Bäumen und entlang plätschernder Bäche zu laufen. Oder ein Tag im Herbst, wenn sich die Blätter färben und sich bunt auf der klaren Wasseroberfläche spiegeln. Ja, eigentlich ist jeder Tag der perfekte Tag, um durchs Rodenbeker Quellental zu spazieren. Vom Parkplatz neben dem Restaurant Quellenhof aus einfach in den Wald hineinlaufen. Und sich dann treiben lassen. Da plätschern kleine Bäche, da glitzert die Sonne durch das Blätterdach. Da gibt es kleine Wege, Wiesen und Weiden, Hügel, Felder und immer wieder: Wasser.

Neben Teichen und Bachläufen plätschern kleine Rinnsale aus Quellen durch das Naturschutzgebiet. Die Landschaft entstand, als sich die Schmelzwässer der Eiszeit einen Abfluss über die heutige Alster zur Elbe hinüber suchten. Begrenzt wird das rund 84 Hektar große Gebiet von der Alster, der Bredenbek und der Rodenbek, durchflossen wird es von zahlreichen kleinen Bächen und dem Mühlengraben, der bis heute den schon 1345 urkundlich erwähnten Mühlenteich speist.

TIPP Nach der Wanderung den Tag im Biergarten des Gasthauses Quellenhof ausklingen lassen (https://quellenhof.hamburg).

Geht man mit offenen Augen und Ohren die Bächlein entlang, ist man mittendrin in einer außergewöhnlich reichen Pflanzen- und Tierwelt. Da wachsen Buchen, Stiel- und Traubeneichen, Hallenbuchen, Hänge- und Moorbirken, Veilchen, Gelbwurz, Sumpfdotterblumen und Buschwindröschen. Es gibt Erlensümpfe und Auwälder und an den Bächen zum Teil freigelegte mächtige Wurzeln, die an tropische Mangrovenwälder erinnern.

Fast 40 unterschiedliche Brutvogelarten wurden im Gebiet des Rodenbeker Quellentales erfasst. Da zwitschern Zaunkönige, Rotkehlchen, Rohrsänger, Blesshuhn und sogar ganz seltene Eisvögel, schwirren Wasserfledermäuse und Tausende Libellen. Ein Ort, der guttut: weil man mittendrin ist in der Natur und überall ihre vielen kleinen Wunder entdeckt.

Rodenbeker Quellental, Rodenbeker Straße 126, 22395 Hamburg
ÖPNV: Bus 474 und 574, Haltestelle Sarenweg

Bank mit Aussicht

38 *Die Elbterrasse im Treppenviertel von Blankenese*

Sie ist einfach meine Lieblingsbank. Denn kraxelt man vom Strandweg in Blankenese aus die steile Gasse „Rutsch“ hinauf, biegt dann rechts in die „Elbterrasse“ ein und läuft den herrlichen Weg mit gigantischer Elbsicht weiter bis zum Haus Nr. 6, steht da – gleich vor der Kurve – diese kleine weiße Bank. Ja, auf ihr kann man einfach wunderbar verschnaufen. Und wenn dann andere Blankenese-Entdecker um die Ecke biegen und außer Atem sind, hat man dieses gute Gefühl, Erste gewesen zu sein. Dann lehnt man sich einfach zurück – und genießt. Diesen Blick. Weit über die Elbe, auf Wasser und Himmel und Schiffe und Strand. Und schaut man sich um, so umgibt einen auch sonst nur Schönes an diesem Ort: die kleinen Häuser des Blankeneser Treppenviertels, das 1301 erstmals urkundlich erwähnte älteste Viertel von Blankenese.

Kaum Straßen, aber 5000 Stufen. Ein stetiges Auf und Ab zwischen engen Gassen, pittoresken Häuschen, alten und neuen Geschichten, schmalen Pfaden, außergewöhnlichen Läden und verträumten Gärten. Besonders schön ist dabei eben genau diese „Elbterrasse“, an der unsere Bank steht. Und ganz besonders sollte man dort an den Häusern Elbterrasse 2 (das mit mehr als 300 Jahren älteste Haus), 4–6 und 7 stehen bleiben und staunen. Neben den ganz alten Häusern gibt es diverse Bauepochen zu entdecken. Mit den Jahren wurden die Fenster größer, den Bewohnern die Sicht auf die Elbe wichtiger. Kein Wunder, dass diese Bank so beliebt ist. Also: zügig den Hang rauf – und den besten aller Plätze sichern!

Wem das Gekraxel im Treppenviertel übrigens zu anstrengend ist, kann die HVV Linie 488 nehmen – von den Blankenesern auch liebevoll „Bergziege“ genannt. Die Kleinbusse fahren ab 8 Uhr morgens alle zehn Minuten vom Blankeneser Bahnhof ab und durchs Treppenviertel bis hinunter zum Strandweg.

Treppenviertel, 22587 Hamburg

ÖPNV: S 1 und S 11, Haltestelle Bahnhof Blankenese (von dort ca. 10 Minuten Fußweg), oder Buslinie 488, Haltestelle Strandtreppe

Küken gucken

39 *Entlang der Berner Au*

Fährt man den Meiendorfer Mühlenweg von Sasel in Richtung Walddörfer, entdeckt man ganz zu Beginn linker Hand hinter dem Saseler Bogen ein hinter Bäumen verstecktes Rückhaltebecken. Ein kleiner, stiller See, den man gemütlich auf einem schmalen Wanderpfad umrunden kann. Man kann ihn aber auch als Startpunkt nehmen und immer der Berner Au entlanglaufen oder -radeln, bis hinüber nach Volksdorf, wo sich die Berner Au in einer Wiese südlich des Saseler Weges bildet.

Zu Fuß sind das gut 20 Minuten. Und es ist ein wunderschöner Weg entlang Wiesen und Wäldern, der im Frühling am Rückhaltebecken am besten mit einem Besuch der putzigen Enten- und vor allem Gänsefamilien beginnt. Füttern verboten, klar! Aber Gucken ist erlaubt. Dann kann man nämlich zuschauen, wie die Tierfamilien ihre ersten Ausflüge machen, wie Gänsemamas und Gänsepapas ihre Küken – eigentlich Gössel genannt – beschützen und gerne auch mal wütend zischend den ein oder anderen neugierigen Hund vertreiben. Rund 300 Brutpaare gibt es in Hamburg. Und damit sind die grau gestreiften, ständig Gras rupfenden Bodenbrüter auf den Teichen der Hansestadt fast so präsent wie die Schwäne auf der Alster. Und weil sie von der bequemen Sorte sind, womöglich mehr treu als träge, und es in der Stadt ganz gut haben, verdrängen viele von ihnen die Tatsache, dass sie eigentlich ja Zugvögel sind – und bleiben das ganze Jahr über in Hamburg. So auch an der Berner Au, wo es dann im nächsten Frühling wieder losgeht mit dem Brüten und Babysbekommen, mit den Familienausflügen, den neugierigen Hunden und dem Leben im Rückhaltebecken der Berner Au.

Insgesamt ist die Berner Au übrigens 8,3 Kilometer lang, fließt in südwestlicher Richtung durch die Stadtteile Sasel und Farmsen-Berne und mündet dann nach 8,3 Kilometern in Tonndorf beim Ostender Teich in die Wandse.

TIPP Wer mit Kindern unterwegs ist, sollte am Ende der Tour in Volksdorf den riesigen Spielplatz Schemmannstraße, Weidwiese 8, besuchen.

Meiendorfer Mühlenweg 33, 22393 Hamburg
ÖPNV: Bus 168 und 368, Haltestelle Saseler Bogen

Obstpate werden

40 *Äpfel ernten im Apfelgarten im Alten Land*

Eine Schubkarre steht schon bereit. Darin sind ein Korb und zwei Pflückhilfen, also lange Stangen mit einem Säckchen an der oberen Seite, in das durch eine gezackte Öffnung der Apfel fällt. Das ist praktisch für den Fall, dass die Äpfel zu hoch hängen, denn dann ist die Pflückhilfe so eine Art Angel, nur eben in der Luft statt im Wasser. Wir sind im „Apfelgarten" im Alten Land, gleich am Neuenfelder Fährdeich und damit noch auf Hamburger Stadtgebiet. Der Großteil des Alten Landes liegt in Niedersachsen. Das Gebiet ist wie ein riesiger Obstgarten. Eines der größten Obstanbaugebiete Europas, auf dessen fruchtbaren Marschböden seit mehr als 700 Jahren Obst angebaut wird. 10.500 Hektar Fläche mit rund zehn Millionen Obstbäumen, davon 90 Prozent Äpfel, der Rest Kirschen, Birnen, Pflaumen und Zwetschgen. Und während die einen ab Frühling die Obstblüte genießen, zieht es andere ab Spätsommer zur Erntezeit hinaus. Dann nämlich bietet fast jeder Hof frisch geerntete Äpfel an oder lädt zum Selberernten ein.

Letzteres macht am meisten Spaß. Zuerst geht es über die Wiese zur richtigen Apfelsorte, denn die werden ja nicht alle gleichzeitig reif. Danach geht es darum, sich die besten Äpfel auszusuchen – und vielleicht auch einmal heimlich zu naschen. Wer sich gleich in die schönen Bäume mit ihren vielen Äpfeln verliebt hat, kann sogar Patentante oder Patenonkel von einem der Finkenwerder Herbstprinzen werden. Das sind große Apfelbäume, für die man dann für ein Jahr oder gerne auch länger die Patenschaft übernimmt. Dann wird der Baum mit dem Namen gekennzeichnet, man bekommt eine Patenurkunde und damit ein Exklusivrecht, von diesem Baum zu ernten – im Durchschnitt zwischen 90 und 130 Kilogramm Äpfel pro Jahr. Für die Pflege ist man nicht zuständig.

TIPP Bei einer Fahrt durchs Alte Land auf die Altländer Bauernhäuser mit ihren verzierten Giebeln und Prunkpforten achten.

Der Apfelgarten, Neuenfelder Fährdeich 18, 21129 Hamburg, Tel. (01 76) 51 00 60 10
http://apfelgarten-altes-land.de
ÖPNV: Bus 257, Haltestelle Neuenfelder Fährdeich (Ost)

Wild und wunderbar

41 *Das Wildgehege im Klövensteen in Rissen*

Mein Gott, sind die süß! Da flitzen doch mindestens zehn kleine Wildschweinkinder auf ihren kurzen, stampfenden Beinchen durchs Gehege und laufen fröhlich quiekend auf einen wunderbar schlammigen Tümpel zu. Mama Wildschwein, in Fachkreisen Bache genannt, zügig vorneweg. Papa Wildschwein, auch bekannt als Keiler, etwas behäbig hinterher. Dann allerdings bleibt er zurück, schaut sich um – und entdeckt zwei etwas schüchtern wirkende Frischlinge, die sich doch ganz offenbar drücken wollen. Ein lautes, strenges Grunzen, dann kommen auch diese beiden artig in seine Richtung und werden mit kleinen Sprüngen von ihrem Papa in Richtung Wasser getrieben.
Wo man solche und andere tierische Ausflüge beobachten kann? Im Tierpark Klövensteen gleich hinter Blankenese auf der Grenze zu Schleswig-Holstein. In dem insgesamt 580 Hektar, also weit über fünf Millionen Quadratmeter großen Forst gibt es ein Gehege, in dem neben Wildschweinen unter anderem auch Frettchen, Uhus, Europäische Nerze, Mufflons, Dam-, Sika- und Rothirsche leben. In riesigen Gehegen, an denen man auf Wanderwegen entlanglaufen kann, die immer wieder von Erklärtafeln, Bänken und Aussichtspunkten unterbrochen werden. Das fühlt sich an, als habe man einen Ausflug in einen der um Hamburg liegenden Wildparks gemacht, aber in Wirklichkeit ist man noch immer in der Stadt und muss nicht einmal weit fahren oder Eintritt bezahlen, denn der Tierpark Klövensteen ist kostenlos und bis Einbruch der Dunkelheit geöffnet. Das Füttern ist im Gegensatz zu vielen anderen Wildparks verboten. Allerdings: Im Herbst werden am Eingang des Geheges Sammelbehälter aufgestellt, in die man Eicheln und Kastanien werfen kann, die man zuvor auf einem langen Waldspaziergang gesammelt hat. Die werden dann getrocknet und sind für die Tiere im Winter ein beliebtes Zusatzfutter.

Wildgehege Klövensteen, Sandmoorweg 150, 22559 Hamburg, Tel. (0 40) 28 66 76 68
ÖPNV: S1, Haltestelle Rissen (von dort ca. 25 Minuten Fußweg)

Amazonas-Feeling

42 *Kanufahren zwischen Ohlsdorf und Poppenbüttel*

Zweige hängen tief ins Wasser. Zuweilen auch mal im Weg. Bei der einen oder anderen Brücke hat man das Gefühl, den Kopf einziehen zu müssen, so tief kommt es einem vor, wenn man mit dem Tretboot darunter her schippert. Und dann die Bäume, die dicht am Ufer stehen und deren Blätter sich hoch oben wie ein grünes Dach wölben. Grün ist auch das Schimmern des Wassers. Grün ist die Farbe, in die man eintaucht, wenn man mit dem Kanu von Ohlsdorf aus die Alster entlang in Richtung Poppenbüttel fährt. Auf dem Weg wird der Fluss, der in der Hamburger City so imposant zu Binnen- und Außenalster gestaut ist und in seinem weiteren Verlauf so breit ist, dass zwei Alsterdampfer aneinander vorbeipassen, immer schmaler. Immer heimeliger. Dann das Ufer, an dem der Alsterwanderweg entlangläuft. Nicht mehr starr kanalisiert wie an der stattlichen Alster bis Ohlsdorf ist dieses Ufer. Sondern wildwüchsig, mit kleinen Kieselstränden und tief ins Wasser hängenden Ästen, die Tieren Schutz bieten und das Bootfahren zum Abenteuer werden lassen. Weil man sanft anstößt beim Drehen und Wenden.

TIPP Danach zurück zum Ratsmühlenteich, wo man nicht nur Tretboote und Kanus ausleihen, sondern sich im Restaurant entspannt stärken kann.

In vielen kleinen Bögen fließt die Alster dahin. Und nimmt uns mit, hinter dem Mühlenteich zuerst den Ratsmühlenpark entlang, dann nach ein paar Windungen und Bögen durch den Teetzpark, der für seinen riesigen Spielplatz geliebt wird. Ein paar Kinder werkeln unten am Wasser, stapfen mit nackten Füßen am Ufer entlang. Ein paar Meter weiter hechtet ein brauner Labrador pitschnass einem Stöckchen hinterher. Der Fluss wird zum Flüsschen. Das letzte Stück bis zur Poppenbütteler Schleuse ist zuweilen so schmal, dass man es mit dem Kanu besser schafft als mit dem Tretboot. Daher: Tretbootfahrer mögen einfach so lange fahren, bis es schlicht zu eng wird – und dann umdrehen oder sich einfach mal treiben lassen und dieses grüne Amazonas-Gefühl genießen.

Bootsvermietung Töns, Ratsmühlendamm 2, 22335 Hamburg, Tel. (0 40) 59 94 98
ÖPNV: U1, Haltestelle Klein Borstel

43 *Der Hochstand am Kiekeberg*

Wer wenige Meter hinter der Hamburger Stadtgrenze einen Mini-Urlaub sucht, der sollte hinter Harburg schauen, in den Ausläufern der Harburger Berge. Da gibt es nämlich ein solches Mini-Urlaubsgebiet und damit gleich alles auf einmal: zuerst den Wildpark Schwarze Berge mit seiner 50 Hektar großen Parkanlage inmitten von Tieren – von Greifvögeln über kleine Hängebauchschweine bis hin zu riesigen Wildgehegen. Gleich daneben das zwölf Hektar große Freilichtmuseum am Kiekeberg mit Heidedorf und Marschendorf und vielen Attraktionen, durch die man erfahren kann, wie die Menschen früher in der Region lebten und arbeiteten. Außerdem ist da noch der Hochseilgarten mit einer 71 Meter langen Seilrutsche oder der ersten vollelektronisch gesteuerten Wasserfalle in über acht Meter Höhe. Viele Abenteuer und ganz viel zu sehen und zu erleben gibt es am Kiekeberg. Und wenn man dann müde und hungrig ins „Gasthaus zum Kiekeberg" geht – es steht übrigens in 127 Meter Höhe und damit auf dem höchsten Punkt der Harburger Berge – , entdeckt man dort noch einen Ort, der ganz besonders ist: einen hölzernen Hochstand.

TIPP Mit dem Regionalpark-Shuttle kann man an den Sommer-Wochenenden und Feiertagen den Regionalpark Rosengarten erkunden (www.regionalpark-rosengarten.de).

Er steht etwas versteckt, direkt an und in einem Weidenbaum. Und wenn man die Leiter mit ihren mehr als 20 Stufen bis nach oben erklimmt, dann glaubt man sich dem Himmel schon ein bisschen näher. Und kann sich vorstellen, wie sich ein Vogel in seinem Nest fühlt. Ein bisschen über den Dingen stehend, frei, mit guter Sicht. Von der kleinen, gut gesicherten Aussichtsplattform geht der Blick dann weit über das Naherholungsgebiet Regionalpark Rosengarten über Wälder und Felder und kleine Häuser bis nach Hamburg hinüber. Und unten warten gleich dicke Holzbänke auf einen, ein Biergarten und eine einfach nette Mini-Urlaubsstimmung.

Gasthaus zum Kiekeberg, Am Kiekeberg 5, 21224 Rosengarten-Ehestorf, Tel. (0 40) 7 90 50 21
www.kiekeberg.de

ÖPNV: Bus 340 und 544, Haltestelle Museum Kiekeberg

Kleine Kreuzfahrt

44 *Mit der Linie 62 günstig die Elbe entdecken*

Von Finkenwerder aus kann man sie gut sehen, die Linie 62. Wie sie alle paar Minuten wieder den Fluss kreuzt, Passagiere ausspuckt und neue einsammelt. Dass diese Hafenfähre des Hamburger Verkehrsverbundes (HVV) so beliebt ist, mag daran liegen, dass man mit ihr mit einem einfachen HVV-Ticket (kostet um die 10 Euro) wie auf einer Mini-Kreuzfahrt die Elbe entdecken darf. Eine Tageskarte, die man auch für alle anderen öffentlichen Verkehrsmittel in Hamburg nutzen kann, wird damit gleich zu einem Hop-on-hop-off-Ticket, für das man sonst viel Geld bezahlen müsste. Man darf sogar sein Fahrrad mitnehmen. Und oben auf dem Deck kann man entspannt sitzen und die Sonne genießen. Oder sich bei Kälte eben im warmen Bauch des Schiffes aufwärmen. Vor allem aber: Die Strecke, die die Linie 62 nimmt, ist auch keine andere als die vieler Hafenrundfahrten.

Start ist an Brücke 3 der Landungsbrücken, von dort geht es elbabwärts – zuerst zum Fischmarkt, dann weiter zum Cruise Center Altona und dem Dockland und danach zum Museumshafen Övelgönne. Alles Ziele, bei denen es sich lohnt, erst einmal ein paar Schritte zu gehen, zu gucken, am Strand zu liegen oder ein Fischbrötchen zu essen und erst mit der nächsten oder übernächsten Hafenfähre der Linie 62 weiterzufahren. Denn vom Museumshafen bringt sie ihre Gäste gleich zur anderen Elbseite nach Finkenwerder. Das ist der Stadtteil, wo die riesige Airbus-Werft ist, aber eben auch das Alte Land beginnt. Weiter fährt die Fähre vom Anleger Finkenwerder zum Rüschpark, wo man herrlich sitzen und die großen Schiffe bei der Einfahrt in den Hafen beobachten kann. Und natürlich das gegenüberliegende Elbufer bei Teufelsbrück, das man ebenfalls mit der Linie 62 vom Rüschpark aus erreicht, indem man erneut die Elbe kreuzt.

TIPP Badesachen mitnehmen, entweder für den Strand oder fürs Freibad Finkenwerder. Das liegt unmittelbar am Wasser. Wettschwimmen mit den Riesenpötten!

Brücke 3 an den Landungsbrücken, 20359 Hamburg
ÖPNV: U3 und S1, 2, 3, 21 und 31, Haltestelle Landungsbrücken

E O
Hafenfähren
HAFENCITY

Alpaka-Wandern

45 *Der Bauernhof Burmester in Moorfleet*

Pfffft! Kuddel ist verärgert. Und spuckt mir geräuschvoll gegen das Handy. Er hatte gedacht, es ist etwas Essbares, dabei war es wieder nur so ein doofes Foto. Und nicht einmal wandern darf er. Dabei machen er und seine Familie das so gerne. Neben dem zweijährigen Kuddel sind das Mama Greta, Kuddels kleiner Bruder Pedro, Papa Machu und die kinderlose Tante Saskia. Alles Alpakas aus Peru. Mit ihnen bieten Rita und Helmut Burmester Alpaka-Wanderungen an, Buchungen unter (01 72) 2 39 91 37. Zum Beispiel eine rund zweistündige Tour an der Elbe entlang und um den Eichbaumsee. Pauschal kostet das für vier Personen 100 Euro (jede weitere Person 20 Euro) und beinhaltet ein Erfrischungsgetränk oder einen Schnaps und zum Abschluss den Lama-Führerschein. Die Touren machen Spaß – und die Tiere sind äußerst artig, nur wenn es wieder nach Hause geht, werden sie schon mal etwas schneller. Bis dahin gibt es viele Pausen, in denen die Teilnehmer die Lamas füttern können. Und überhaupt gilt: Der Weg ist das Ziel. Wichtig sind Spaß für Tier und Mensch.

TIPP Bei Burmesters auf dem Hof ist auch Bauernhof-Zelten möglich.

Vor 20 Jahren hatte Rita Burmester Alpakas mal im Fernsehen gesehen und sich sofort in ihre Augen mit den langen Wimpern verliebt. Solche Tiere wollte sie unbedingt haben. Zwar hatten sich die Burmesters, die seit Generationen Bauern sind, nach dem Bau der Autobahn und dem Verlust des Landes auf einen Reitbetrieb konzentriert, aber die Alpakas laufen im wahrsten Sinne mit – und während die Töchter sich um die Pferde kümmern, ist es vor allem Rita Burmester, die ihre Alpakas hegt und pflegt. Weil die Tiere als Wiederkäuer übrigens oben im vorderen Bereich keine Zähne haben – was ihnen einen recht eigenwilligen Gesichtsausdruck gibt –, schneidet sie ihnen die Möhren auch gerne mal in dünne Stifte. Und wer sich traut, kann die Möhre in den Mund nehmen und sie so dem Alpaka übergeben. Ein Tier-Küsschen ohne Berührung.

Erlebnisbauernhof Burmester, Moorfleeter Deich 373, 22113 Hamburg
www.erlebnisbauernhof-burmester.de
ÖPNV: Bus 530, Haltestelle Moorfleeter Deich 380

EQuest

Fast wie früher

46 *Der Schulgarten-Pavillon im Altonaer Volkspark*

Die Wege sind symmetrisch. Die Beete mit vielen Stauden bepflanzt. Bunt und fröhlich. Und wie eine Achse, auf die alles zuläuft, steht da ein kleiner Pavillon. Majestätisch, mit acht schmalen Säulen, die ein schön geschwungenes Kupferdach tragen. Darin stehen vier Bänke. Zum Ausruhen und Entspannen. Der gesamte Park einschließlich des hübschen Gebäudes inmitten von Blumen steht unter Denkmalschutz und wurde 2007 nach dem historischen Vorbild von Gustav Oelsner, dem damaligen Altonaer Stadtbaurat, rekonstruiert. Ferdinand Tutenberg (1874–1956) wurde 1913 als Gartenbaudirektor in das neu geschaffene Gartenbauamt nach Altona berufen. In dieser Position plante er den Altonaer Volkspark, der zwischen 1914 und 1927 auf einem Waldgelände in Bahrenfeld errichtet wurde. Von der Reformbewegung der Jahrhundertwende beeinflusst, war sein Ziel, eine naturnahe öffentliche Grünanlage zu schaffen, um den Menschen gesündere Lebensbedingungen zu ermöglichen. Ein Ziel, das er mit dem Volkspark erreichte.

Bis heute ist er mit mehr als 200 Hektar die größte Parkanlage der Hansestadt und mit seinem leicht hügeligen Gelände ein beliebtes Ausflugsziel. Und rund um den kleinen Pavillon grünt und blüht es auch deshalb so schön, weil mit dem kleinen Gebäude auch die Beete und die ganze Anlage drum herum wiederbelebt wurden. Denn ursprünglich war das der Schulgarten, in dem zu Beginn der 20. Jahrhunderts Anschauungsmaterial für den Schulunterricht in Naturkunde und im Zeichnen angepflanzt wurde. Die Schulen bekamen damals in Altona eigene kleine Gartenabschnitte, durch die den Kindern die heimische Pflanzenwelt nähergebracht werden konnte. So gab es Schaugärten, Beete mit Küchen- und Arzneipflanzen und ein Obstanbaugebiet. Damals, in den 1920er-Jahren, wurden auch Musterkleingärten angelegt, die heute durch einen kleinen Verein rekonstruiert wurden. Wichtig in den kargen Jahren, die folgten – und noch heute. Zudem werden einige Parzellen vom „Tutenberg Institut für Umweltgestaltung“ nach Gesichtspunkten der Permakultur bearbeitet – inklusive eigenen Honigs.

Schulgarten, August-Kirch-Straße/Ecke Schulgartenweg, 22525 Hamburg
www.umweltgestaltung.org
ÖPNV: Bus 2, 3, 602, Haltestelle August-Kirch-Straße (ca. 10 Minuten Fußweg)

Oh Tannenbaum!

47 *Bio-Weihnachtsbäume im Niendorfer Gehege*

Für alle, die nicht gerne die Katze im Sack – oder besser: den Baum fertig im Netz – kaufen, ist der Weihnachtsbaum-Verkauf im Niendorfer Gehege perfekt. Spätestens ab Mitte Dezember gibt es dort nämlich ökologisch angebaute Weihnachtsbäume. Die sind ungespritzt und unbehandelt und kommen aus der Revierförsterei Alt-Erfrade. Wegen der inzwischen großen Nachfrage wird das Angebot durch Zukäufe ebenfalls zertifizierter ökologischer Nordmanntannen ergänzt.
Der Verkauf läuft täglich bis kurz vor Weihnachten und wird an den Wochenenden durch ein buntes Programm ergänzt. Da gibt es Kuchen und Waffeln, Stockbrot am Lagerfeuer und außerdem heiße Getränke und Bastelangebote an der frischen Luft. Die Tannen stehen in Reihen sortiert, man kann in aller Ruhe schlendern, stöbern, vergleichen und sich inmitten des Waldes und der Natur für den schönsten Baum von allen entscheiden. Den lässt man sich dann ordentlich in ein Netz ziehen und bezahlt gleich am Haus der Revierförsterei an der Kasse. Und danach? Bringt man den Baum erst einmal zum Auto und geht anschließend natürlich spazieren. Durch das 150 Hektar große, dicht bewaldete Gebiet im Bezirk Eimsbüttel, in dem bis zu 200 Jahre alte Buchen, Eichen und Fichten wachsen und in dem – übrigens gleich neben der Revierförsterei – Damwild in einem großen Gehege beobachtet werden kann. Die Tiere kommen gerne mal nahe an den Zaun und scheinen ebenso neugierig auf ihre menschlichen Besucher zu sein wie die umgekehrt auf sie. Und dann streift man so durch den Wald, sieht andere Familien, die ihren gerade erstandenen Weihnachtsbaum nach Hause tragen, hat den Waldgeruch und noch den Waffelduft in der Nase und bekommt plötzlich so ein richtig wohliges, warmes, weihnachtliches Gefühl.

TIPP Im Sommer gibt es im Niendorfer Gehege auch einen großen Biergarten und Ponyreiten.

Revierförsterei Niendorfer Gehege, 22453 Hamburg, Tel. (0 40) 58 55 53
ÖPNV: Bus 5, 23, 39 und 604, Haltestelle Vogt-Cordes-Damm (von dort 15 Minuten Fußweg)

NORDMA

Hoch über dem Strom

48 *Die Parks entlang des Elbhangs*

Sie reihen sich wie eine Perlenkette die Elbe entlang. Hoch oben auf dem Elbhang. Sie heißen Altonaer Balkon, Heinepark, Donnerspark, Rosengarten und Fischers Park. Die meisten von ihnen bieten einen fantastischen Blick über die Elbe. Und doch ist jeder dieser Parks anders. Mit seiner eigenen Geschichte. Startet man am Altonaer Balkon, ist die Umgebung noch voller Menschen. Kein Wunder, denn dort ist der Blick auf die Elbe gigantisch. Einen Park weiter dann Stille: Gleich am Eingang des Heineparks steht ein kleines Häuschen: das Gartenhaus des Bankiers Salomon Heine (1767–1844), der das Grundstück 1808 erwarb und dort in einem Landhaus lebte. Letzteres steht heute nicht mehr, aber die Geschichte über Heines Neffen Harry, der ihn häufig besuchte, lässt den Ort unsterblich werden. Denn Harry war der Dichter Heinrich Heine (1797–1856), den eine Hassliebe mit Hamburg verband. In einem Gedicht nennt er die Stadt die „schöne Wiege meiner Leiden". Und immer wieder litt er am Streit mit seinem Onkel. Zumeist ein Streit ums Geld.
Auf der anderen Seite des Parks gibt es einen Durchgang zum Donnerspark. Ein schattiger Ort. Das Grundstück kauften 1793 drei Freunde, einer davon der Kaufmann Georg Heinrich Sieveking (1751–1799). Sie ließen das Gelände zu einem Park umgestalten, der 1820 vom Kaufmann Conrad Hinrich Donner (1774–1854) erworben wurde. Geht man weiter, gelangt man zum Rosengarten. Ein Grundstück, auf dem die Stadt Altona einen Stadtpark anlegte, wo 1914 eine Gartenbauausstellung stattfand. Ihr Highlight war ein großer Rosengarten, dessen Wege und Natursteintreppen erhalten sind. Nur eben die Rosen von einst gibt es nicht mehr. Zwischen Donnerspark und Rosengarten kann man die Elbtreppe hinunter zum Museumshafen laufen. Oder man geht hinauf zur Elbchaussee, hinter der Fischers Park beginnt. Mit Rollschuhbahn und Kinderspielplatz etwas wuseliger. Aber, mal ehrlich: Fünf Parks in rund 30 Minuten Fußweg – wo findet man so etwas schon?

Heine Haus, Elbchaussee 31, 22765 Hamburg
ÖPNV: Bus 111, Haltestelle Große Elbstraße

Im gelben Glück

49 *Das Rapsfeld am Raakmoor*

Gelb weckt die Lebensgeister, macht glücklich und soll Konzentration und Kreativität fördern. Bei so vielen positiven Eigenschaften ist ein Spaziergang rund um ein leuchtend gelbes Rapsfeld ja fast schon wie ein Kurzurlaub. Und für den muss man gar nicht nach Schleswig-Holstein fahren, wo die Landschaft bekannt für ihre weiten Rapsfelder ist. Auch in den Außenbezirken von Hamburg blüht der Raps ab April oder Mai, je nach Wetterlage.

Eines der schönsten Rapsfelder liegt im Norden von Hamburg. In Hummelsbüttel versteckt sich das große, etwas hügelige Feld nördlich des Raakmoors zwischen Raakmoorgraben und Wildes Moor. Es ist am besten von der Tangstedter Landstraße aus zu erreichen, wenn man dort an der Bushaltestelle „Hohe Liedt" aussteigt und die gleichnamige Straße ganz hinuntergeht. Keine zehn Minuten, dann kommt man an eine Mini-Kreuzung, wo die Straße einen kleinen Bach überquert und man links den Raakmoorgraben entlanggeht. Und dann ist rechter Hand plötzlich dieses riesige Rapsfeld. Man läuft und läuft und hat immer wieder das Gefühl, beim Blick über die mehr als einen Meter hohen Pflanzen im gelben Glück zu baden. Linker Hand gibt es zuerst ein paar Kleingärten, dann einen Spielplatz. Und immer wieder geht der Blick nach rechts ins satte Gelb.

Am nördlichen Rand des Feldes stößt man auf die Straße Wildes Moor, wo man rechts am Rapsfeld entlang zurückläuft. Dann liegt das leuchtende Gelb rechts und nach links schaut man über Pferdekoppeln zu den Müllbergen – und fühlt sich plötzlich ganz weit draußen in der Natur, obwohl die Großstadt nur wenige Straßen weiter liegt. Am Ende des Feldes biegt man in die Straße Hattsmoor ein und läuft entlang kleiner Einfamilienhäuser zur Mini-Kreuzung am Raakmoorgraben zurück.

Wie man sich danach fühlt? Gelbtrunken, glücklich, entspannt und inspiriert.

TIPP Wer den Raakmoorgraben in die andere Richtung geht, läuft auf den wunderschönen Raakmoorsee zu.

Raakmoorgraben, 22417 Hamburg
ÖPNV: Bus 192 und 606, Haltestelle Hohe Liedt

Hinter den Kulissen

50 *Hofführung auf Gut Wulksfelde*

Die Felder des Bio-Bauernhofes „Gut Wulksfelde“ liegen genau auf der grünen Grenze von Hamburg und Schleswig-Holstein. Da gibt es Sommerweizen und Winterroggen, Kleegras und Kartoffeln, Heidelbeeren, Erdbeeren, Streuobstwiesen, Dinkel … Der uralte und wunderschön zwischen Wiesen und Wäldern liegende Gutshof ist eine Institution für alle, die gerne bewusst und nachhaltig leben. Es gibt einen Hofladen, eine Bäckerei, einen Lieferservice, ein sensationelles Restaurant und eine Gärtnerei. Überall stehen Bänke, auf denen man sitzen und die Natur genießen kann. Und es gibt Tiere wie Schweine, Esel und Ziegen, die bestaunt werden können. Wer mehr über die Abläufe auf dem Gutshof erfahren will, sollte unbedingt einmal eine „Kleine Hofführung“ mitmachen. Dabei werden gut eineinhalb Stunden lang immer andere Themen erklärt. Mal geht es in die Bäckerei, mal quer über die Felder. So wie letztens bei unserer Führung: Da standen wir plötzlich mitten auf der Wiese zwischen friedlich grasenden Kühen inklusive eines erst zwei Wochen alten Kälbchens und einer Herde uns neugierig beschnuppernder Schafe.

TIPP An der Gutseinfahrt liegen Flyer, auf denen drei unterschiedlich lange Strecken des „Wulksfelder Rundwanderwegs“ beschrieben sind.

Die Hofführungen, die von März bis Oktober in der Regel jeden ersten und dritten Samstag im Monat und von November bis Februar jeden zweiten Samstag im Monat angeboten werden, starten jeweils um 11 Uhr vor dem Gutshaus, kosten 2 Euro für Erwachsene und sind für Kinder kostenlos (Anmeldung erforderlich unter www.gut-wulksfelde.de/wulksfelde-erleben/hoffuehrungen/).

Vor und nach den Führungen sollte man sich unbedingt noch Zeit zum Ernten lassen, denn je nach Jahreszeit gibt es auf Gut Wulksfelde die Möglichkeit, Erdbeeren zu pflücken und auf dem Feld nach Kartoffeln zu buddeln. Ein Riesenspaß! Und mit dem Geschmack kann es keine im Supermarkt gekaufte Kartoffel aufnehmen: so kräftig kartoffelig, intensiv und einfach lecker.

Gut Wulksfelde, Wulksfelder Damm 15–17, 22889 Tangstedt/Hamburg, www.gut-wulksfelde.de

ÖPNV: Bus 276, Haltestelle Lohe bzw. (Mo–Fr) Buslinie 478, Haltestelle Gut Wulksfelde

ACHTUNG
HEISS!

Morgengruß

51 *Die Volksdorfer Teichwiesen*

Samstags morgens in Volksdorf. Auf dem riesigen Wochenmarkt gleich neben der U-Bahn-Station tummeln sich die Menschen. Da gibt es sogar eine eigene Ecke mit besonders vielen Bio-Ständen. Und es gibt kleine Stände, an denen man Croissants und Kaffee genießen kann. Doch vor dem Besuch auf dem Markt ist ein Morgenspaziergang perfekt. Der beginnt nur wenige Schritte entfernt: Westlich des Volksdorfer Marktes an der Halenreie stehen riesige alte Bäume. Dort beginnt das Naturschutzgebiet Volksdorfer Teichwiesen. Ein extrem kurzes sogenanntes Tunneltal, das im Laufe der Weichsel-Eiszeit vor etwa 15.000 Jahren durch unter dem Eis abfließende Schmelzwässer in unmittelbarer Nähe des Eisrandes geschaffen wurde. Folgt man dem Wanderweg in Richtung Norden und tritt dann aus dem Schatten der Bäume heraus, tut sich ein weiter Blick auf. Eine riesige Tallandschaft, die klar und erfrischend wirkt mit ihren saftigen Wiesen und sanften Hügeln.

Ein hübscher Wanderweg zieht sich entlang der Teichwiesen. Von ihm aus kann man je nach Jahreszeit immer wieder Neues entdecken und erkunden. Im Frühling bekommt man zuweilen Kiebitze zu sehen, im Juni blühen auf den feuchten Wiesen Hunderte von Orchideen und man kann Graureiher und Störche bei der Futtersuche beobachten, im Sommer surren in den Wiesen die Heuschrecken und viele bunte Schmetterlinge fliegen von Blüte zu Blüte. Und im Winter ist der größte der Teiche durch seine freie Lage im kühlen Talkessel einer der ersten in ganz Hamburg, die eine so dicke Eisfläche entwickeln, dass man darauf oftmals sogar Schlittschuh laufen kann.

Spaziergang genossen? Dann wieder auftauchen aus den Wiesen und auf geht's ins Wochenmarkt-Getümmel!

TIPP Neben dem beliebten Koralle Lichtspielhaus gibt es in der Straße Kattjahren 1c einen tollen Unverpackt-Laden namens Ohne Gedöns.

Volksdorfer Teichwiesen, Halenreie, 22359 Hamburg
ÖPNV: U1, Haltestelle Volksdorf oder Bus 24, Haltestelle Halenreie

Der kleine Leuchtturm

52 *Die Bunthäuser Spitze in Wilhelmsburg*

An der Stelle, an der sich die Elbe auf einer Länge von 15 Kilometern in Süderelbe und Norderelbe teilt, um die Elbinsel Wilhelmsburg mit Moorwerder als südlichster Spitze zu umfließen und dann in Altona wieder zusammenzukommen, gibt es einen ganz besonderen Ort. Dort steht nämlich ein kleiner grüner Leuchtturm. Er ist wirklich klein, misst gerade einmal knapp sieben Meter und nur 19 Stufen führen auf seine etwas schmale Aussichtsplattform hinauf. Doch es ist weniger die Aussicht als der kleine Leuchtturm selbst, der diesem Ort seine Ruhe gibt. Angekommen – denkt man und setzt sich auf die kleine Bank zu Füßen des Türmchens. Umgeben von Stille. Inmitten einer Auenlandschaft. Und mit Blick auf den immer weiter und weiter fließenden Strom.

Das hölzerne Leuchtfeuer Bunthaus, wie der kleine Leuchtturm heißt, wurde 1914 errichtet, um den ankommenden Schiffen zu zeigen, dass sich an dieser Stelle die Elbe teilt. Damit sorgte es bei Nacht und Nebel für Sicherheit. Bis 1977, seitdem wurde es nicht mehr gebraucht, denn zwei rote, zwei grüne und eine rotgrüne Tonne, also farbige Schifffahrtszeichen als Navigationshilfen, hatten diese Aufgabe übernommen. Erst 1989 wurde dann das Leuchtfeuer Bunthaus im Zuge des 800. Hamburger Hafengeburtstages restauriert. Es ist der südlichste Punkt des rund drei Kilometer langen und bis zu 400 Meter breiten Naturschutzgebietes Heuckenlock. Auf dessen fast 100 Hektar großer Fläche wachsen an die 500 verschiedene, teils seltene Pflanzenarten. Das Heuckenlock gilt als eines der artenreichsten Naturschutzgebiete im Hamburger Raum und ist auch sonst ein Naturparadies mit einigen Überraschungen, denn dort gibt es unter anderem ein von Prielen durchzogenes Süßwasserwatt und einen der letzten Tide-Auenwälder Europas. Wer also den kleinen Leuchtturm besuchen will, kann das perfekt mit einer Radtour oder längeren Wanderung verbinden. – Der Weg ist das Ziel.

TIPP Das Leuchtfeuer Bunthaus ist Teil der Hafenerlebnisroute, einer 45 Kilometer langen Radtour durch den Hafen.

Bunthäuser Spitze, Moorwerder Hauptdeich, 21109 Hamburg

ÖPNV: Bus 351, Haltestelle Freiluftschule Moorwerder (von dort 12 Minuten Fußweg)

Schaurig schön

53 *Romantischer Spaziergang im Wittmoor*

Sonnenaufgänge im nebligen Dunst. Herbstspaziergänge auf knisterndem Laub. Abende mit Blick auf die rot über dem Feld untergehende Sonne. Grasende Pferde. Dunkle Moorseen, aus denen abgestorbene Birkenäste ragen. Weite Heidelandschaft. Verwunschene Orte. Einsamkeit. Im Wittmoor kann man so vieles finden und erleben. Und immer ist es irgendwie besonders – weil die Stimmung eben auch eine besondere ist. Still und geheimnisvoll. Und auch ein wenig schaurig schön. Denn immerhin befindet man sich in einem riesigen Moor. Dem letzten Hochmoor im Norden Hamburgs. Entstanden vor Tausenden von Jahren. Und vor gar nicht mal so langer Zeit kam dann der Mensch und torfte es ab, dieses Moor. Das war in den 1950er-Jahren. Erst als das Wittmoor 1978 unter Naturschutz gestellt wurde, kam zumindest in einem Teil des einstigen Moorgebietes langsam die Natur zurück. Zwei Hochmoorseen entstanden. Und inzwischen ist einem beim Anblick der abgestorbenen Birken, die wie Arme aus dem Wasser ragen, bewusst, dass das Moor zurückgekehrt ist. Die insgesamt 106 Hektar große Moorlandschaft liegt im Norden von Hamburg auf der Grenze zu Schleswig-Holstein und auf Hamburger Seite in den Stadtteilen Duvenstedt und Lemsahl-Mellingstedt. Weil Hochmoorböden ein saures Milieu haben, sind sie arten- und individuenarm. Will heißen: So richtig viel kriecht da nicht im Boden herum, Regenwurm und Co. suchen sich lieber ein fruchtbareres Fleckchen Erde. Nicht so die Tiere in der Luft. So ist das Wittmoor reich an Libellenarten. Außerdem gibt es Frösche und immer häufiger auch Tiere wie Bergeidechsen, Ringelnattern und Kreuzottern. Und Vögel kann man beobachten, darunter Fitislaubsänger, Baumpieper und Goldammer, mitunter auch Gäste wie Habicht, Turmfalke, Waldschnepfe, Bruch- und Waldwasserläufer.

TIPP Im Wittmoor gibt es kein Lokal – also unbedingt Proviant mitnehmen und beim Picknick Stille und Einsamkeit genießen.

Wittmoorstieg, 22397 Hamburg

ÖPNV: Bus 176 und 276, Haltestelle Tannenhof (von dort über Huulkamp in den Bilenbarg)

Romantik ohne Rummel

54 *Der Park am Weiher in Eimsbüttel*

Eimsbüttel ist ganz schön dicht besiedelt. Und in den vergangenen Jahren richtig hip, richtig hübsch und immer mehr ein Ort zum Wohlfühlen geworden. Kleine Läden, nette Cafés und durchaus mal etwas Trubel gehören dazu. Außerdem natürlich der Ring 2, der mitten durch Eimsbüttel führt und es in zwei Hälften teilt. Genau dazwischen, zwischen dem Lärm der befahrenen Straße und dem Trubel der Menschen, liegt ein Ort der Ruhe: der Park am Weiher. Wie so viele Hamburger Parks war auch dieser im 19. Jahrhundert gekauft und zu einem Landschaftspark umgewandelt worden. Das war 1832, vom Senator und späteren Bürgermeister Ascan Wilhelm Lutteroth (1783–1867). Schlau war, dass er damals schon die zu Fischteichen aufgestaute Ottersbek und den alten Eichenbestand in die Gestaltung mit einbezog. Geblieben ist davon bis heute der Weiher im knapp zwei Hektar großen und von eleganter Randbebauung umschmiegten Park.

Bänke stehen am Ufer des Sees, um den ein Spazierweg führt. Ein ehemaliges Klohäuschen wurde zum Café umgebaut. Ein wenig abseits gibt es ein Planschbecken und einen Spielplatz. Und ganz egal, wo man sitzt in diesem Park: Immer wieder geht der Blick hinüber zum Wasser. Auf die glitzernde Oberfläche des Weihers. Auf den Fischreiher, der sich manchmal sehen lässt. Auf Entenfamilien. Und lässig ins Wasser hängende Weiden. Das bringt so viel Entspannung und positive Energie, dass – schwups – der Kopf frei wird und offen ist für neue Ideen. Daher ist der Weiher nicht nur ein idealer Ort für einen Kaffee am Nachmittag, ein Glas Wein am Abend oder eine Jogging-Runde am Wasser. Er ist auch perfekt für die Mittagspause: kurz verschnaufen und dann erfrischt in die zweite Tageshälfte starten.

TIPP Verlässt man den Park zur Ottersbekallee hin, findet man rund um Heußweg und Lutterothstraße das ideale Bummelrevier mit kleinen Läden, Cafés, Restaurants und Biergärten.

Park am Weiher, zwischen Unnastraße, Im Gehölz, Am Weiher und Ottersbekallee, 20255 Hamburg

ÖPNV: Bus 20 und 25, Haltestelle Goebenstraße

Herrlich holzig

55 *Das Wälderhaus am Wilhelmsburger Inselpark*

Zugegeben, ein wirklich grüner Glücksort ist es nicht. Aber ein Glücksort, in dem man sich wie mitten in der Natur fühlt. Weil alles so holzig ist. Waldig. Und weil es außerdem ein Ort zum Lernen und Begreifen ist. Und natürlich zum Übernachten. Gemeint ist das Hotel im Wälderhaus, ein Projekt der Schutzgemeinschaft Deutscher Wald, Landesverband Hamburg e.V. Es liegt gleich am Wilhelmsburger Inselpark und ist ein Exzellenzprojekt der Internationalen Bauausstellung als architektonisch-konzeptionell neues und weltweit einzigartiges Multifunktionsgebäude. Da sind die Holzfassade aus Lärchenholz ebenso wie das Holz im Inneren des Hauses und natürlich die spannenden Informationen rund um das Thema Wald in der hoteleigenen Dauerausstellung, dem „Science Center Wald" mit rund 80 Stationen auf 650 Quadratmetern – von der ökologischen Funktion des Waldes über seine kulturelle Bedeutung bis zu seiner Wichtigkeit für unser Klima (www.waelderhaus.de/science-center-wald). Außerdem natürlich nachhaltiges Essen im Restaurant und die Nähe zu den vielen anderen umliegenden Häusern, die alle 2013 im Zuge der Bauausstellung entstanden sind: das knallgrüne BIQ, das weltweit erste Gebäude mit Bioreaktorfassade, einer eigenen Biohaut, in der in Glasgefäßen Mikroalgen gezüchtet werden, die zur Energieerzeugung genutzt werden und zugleich das Licht und den Schatten steuern können. Oder die Woodcubes, die fast vollständig aus Holz bestehen. Völlig unbehandelt, ohne Leim, ohne Schutzanstrich. Mit dem Ziel, ein Gebäude zu errichten, das nicht nur vollständig biologisch recycelbar, sondern auch nachhaltiger als jedes herkömmliche Passivhaus ist. Außerdem gibt es WaterHouses, die auf Pfählen in einem von Regenwasser gespeisten Wasserbecken stehen. Oder schlaue Hybrid Houses, die durch veränderbare Räume ganz flexibel auf die sich wandelnden Wünsche ihrer Bewohner reagieren.

TIPP Nebenan im Inselpark kann man im Hochseilgarten „Hanserock" in die Baumwipfel klettern (www.hanserock.de).

Wälderhaus, Am Inselpark 19, 21109 Hamburg
ÖPNV: S3 und S31, Haltestelle Wilhelmsburg

56 *Die Joggingrunde rund um die Außenalster*

Der Blick geht auf herrschaftliche Villen, schaukelnde Segelboote und traumhafte Grünanlagen. Und die Füße laufen über einen stets geraden, für Jogger idealen und gepflegten Schotterweg, auf dem man sich garantiert nicht verläuft, denn er geht stur um die Außenalster, fast immer am Wasser entlang. Durch herrliche Parkanlagen, über Brücken und über kleine Uferwege. Ein bisschen auf die ideale Zeit zum Joggen sollte man achten, denn gerade am frühen Abend und an den Wochenenden kann es voll werden an der Alster, wo zuweilen viel Hamburger Prominenz das Joggingbein schwingt. Manche denken deshalb, beim Lauf um die Alster müsse man die extraguten Laufklamotten tragen. Das allerdings bleibt jedem selbst überlassen.

Wer richtig gut trainiert ist, schafft die 7,4 Kilometer lange Strecke in 30 Minuten, wenn man die doppelte Zeit oder mehr braucht, ist das auch in Ordnung, denn vor allem Spaß macht die Runde – und sie motiviert. Denn startet man am Café „Cliff" kommt alle 500 Meter ein Markierungsstein, an dem die Jogger sich orientieren können, wie viel der Strecke sie bereits zurückgelegt haben. Außerdem gibt es bei Kilometer 3,7 einen Stein, der die Hälfte der Alsterrunde markiert. Am Westufer wurden für Jogger sogar 40 etwa kniehohe Leuchten installiert, damit man auch in den frühen Morgenstunden und am Abend nicht durch die Dunkelheit rennt. Auf dem Weg gibt es außerdem einige Wasserspender und auf der Ostseite am Schwanenwik und am Nordwestufer beim Eichenpark stehen für die aktive Pause Fitnessgeräte bereit.

TIPP

Lieber faul sein? Am Cliff kann man wunderbar auf Liegestühlen am Steg liegen.

Wer mag, kann übrigens sogar die Zeit stoppen und mit anderen vergleichen, denn auf der Alster-Runde gibt es ein fest installiertes Zeitmess-System mit insgesamt sechs Messstationen. Über www.alsterrunning.de lässt sich ein Chip bestellen, der die Daten misst.

Alsterrunde, Startpunkt AlsterCliff, Fährdamm 13, 20148 Hamburg
www.alster-cliff.de
ÖPNV: Bus 19 und 605, Haltestelle Alsterchaussee

Barfuß im Sand

57 *Die Boberger Dünen*

Auf nackten Füßen zu gehen tut dem Körper bekanntermaßen gut. Es kräftigt Bänder und Muskeln, was wiederum die Fußgelenke stabiler macht und Verletzungen vorbeugt. Am schönsten ist es natürlich, auf weichem Boden barfuß zu gehen. Am liebsten auf Sand. Und im Idealfall eine richtig schöne Runde durch die Natur. Wo man das kann? Im größten Sandkasten der Stadt! Die Boberger Dünen liegen im Südosten Hamburgs im Naturschutzgebiet Boberger Niederung zwischen Bille und Bergedorfer Straße. Man muss sie sich vorstellen wie einen riesigen Strand ohne Meer. So als ob man an einem endlosen Nordseestrand steht. Weiter Sand, wellig, weich – und in unserem Fall ist dann eben Ebbe …

Die Landschaft überrascht schon sehr. Auch was Flora und Fauna betrifft. So gibt es nicht nur seltene Insekten, Kleintiere und Vogelarten wie den Wachtelkönig oder die Heidelerche, sondern alleine fünf unterschiedliche Orchideensorten. Mehr darüber erfährt man im Boberger Dünenhaus an der Boberger Furt, das zur Loki Schmidt Stiftung gehört. Von dort aus führen vier beschilderte und zwischen drei und fünf Kilometer lange Wege durch das Naturschutzgebiet: Dünenweg, Moorweg, Terrassenweg und Wiesenweg. Und die sollte man dann vielleicht doch lieber nicht ganz auf nackten Sohlen gehen, zumal es auch mal steinige und pieksige Abschnitte gibt und der Sand sich an heißen Sommertagen ganz schön aufheizen kann.

TIPP In der Boberger Niederung gibt es einen Flugplatz und so kann man entspannt im Sand liegend den Segelflugzeugen zuschauen.

Und das Meer? Wenn man es genau nimmt, gibt es auch das: Denn gut 20 Minuten von den Dünen entfernt liegt der Boberger See. Ein Baggersee mit Badestelle, Liegewiese und 16 Meter langem Sandstrand am Nordostufer (Achtung: ohne Badeaufsicht und ohne Nichtschwimmerbereich). Die ideale Erfrischung für heiß gelaufene Barfüße.

Boberger Dünenhaus, Boberger Furt 50, 21033 Hamburg, Tel. (0 40) 73 93 12 66, Parkplatz an der Straße Boberger Furt

ÖPNV: S21, Haltestelle Mittlerer Landweg, von dort mit dem Bus 221 bis Boberger Furtweg

Ort der Liebenden

58 *Das Klopstockgrab in Altona*

„Erwartet da, wo der Tod nicht ist, ihren Freund, ihren Geliebten, ihren Mann, den sie so sehr liebt und von dem sie so geliebt wird, aber hier aus diesem Grabe wollen wir miteinander auferstehen. Du, mein Klopstock, und ich und unser Sohn, den ich dir nicht gebären konnte.“ Die Inschrift auf dem verwitterten Grabstein ist tragisch und tröstlich zugleich. Und sie erzählt eine ebensolche Geschichte. Wenn man von der Klopstockstraße aus durch das kleine Tor den uralten Friedhof der Christianskirche betritt, der sich um das barocke Backsteinkirchlein schmiegt, sieht man eine kleine Bank. Dort sollte man Platz nehmen, um sich an diese große Liebe zu erinnern: die von Meta und Friedrich Gottlieb Klopstock. Mit Anfang 20 trifft die junge, äußerst gebildete Meta den zu diesem Zeitpunkt schon berühmten Dichter. Für sie ist es die große Liebe. Und sie erträgt es geduldig, dass er noch eine andere liebt und erst nach und nach spürt, dass sie es ist, mit der er sein Leben verbringen will. Doch ebendieses Glück währt nur kurze Zeit: Im Sommer 1754 geben sie sich in der Hamburger St.-Petri-Kirche das Jawort. Eine kurze, glückliche Zeit als Eheleute. Zwei Fehlgeburten. Dann eine dritte Schwangerschaft. Erste Todesahnungen. 1758 dann stirbt Meta bei der Niederkunft. Gemeinsam mit ihrem totgeborenen Sohn wird sie im Familiengrab vor der Christianskirche bestattet, wo 45 Jahre später auch ihr Mann beerdigt wird. Und auch seine zweite Frau, die zugleich Metas Nichte war, wurde dort begraben.

TIPP Unbedingt die Christianskirche auch von innen besichtigen. Dort gibt es einen Flyer, der auch alle anderen Grabstätten beschreibt.

Viele Jahre lang pilgerten Verliebte an diesen Ort. Er war ein Symbol geworden. Ein Wallfahrtsort. Lange ist das her. Und doch ist es noch immer ein friedvoller, romantischer Platz. Wenn man da sitzt auf der kleinen Bank und hinüberschaut auf das Familiengrab unter dem Blätterdach des alten Baumes. Ganz still, obwohl von draußen das Leben lärmt.

Klopstockgrab, Ottenser Marktplatz 6, 22765 Hamburg
ÖPNV: Bus 15, Haltestelle Rathaus Altona

Begräbniß-Stelle
von
Victor Ludwig
Klopstock

Im Blumenmeer

59 *Blumen selber pflücken gleich hinter Harburg*

Natürlich kann man zum Gärtner gehen und sich einen der Jahreszeit entsprechenden Blumenstrauß zusammenstellen lassen. Das kostet mal mehr und mal weniger Geld. Und meistens sieht es auch sehr schön aus. Allerdings ist das auch ziemlich gewöhnlich. Und irgendwie scheint es so, als ob diese Sträuße aus der Gärtnerei anders duften als die, die man selber gepflückt hat. Andererseits ist das mit den Blumen so eine Sache: Man kann nicht einfach so munter drauflospflücken, aus dem Alter ist man raus. Anders ist das bei den Blumenwiesen zum Selberpflücken. Viele lassen sich in Hamburg und Umgebung jedoch nicht finden. Eine, die allerdings sofort auffällt, ist schon fast ein ganzes Blumenmeer gleich hinter der Grenze von Harburg nach Niedersachsen. Da ist direkt gegenüber vom Wildpark Schwarze Berge ein Feld mit knallig bunten Gladiolen und leuchtend gelben Sonnenblumen. Dort pflückt man die Blumen und bezahlt auf Vertrauensbasis.

Ein weiteres Feld, auf dem man Blumen pflücken kann, liegt am Allermöher Deich 25 in den Vier- und Marschlanden nahe der Dove Elbe. Außerdem gibt es ein Blumenfeld auf Gut Wulksfelde, also auf der anderen Seite von Hamburg, im Norden, kurz hinter der Grenze nach Schleswig-Holstein. Dort kann man den fertigen Strauß in Löcher unterschiedlicher Größe halten und nach Dicke der Stiele bezahlen. Viel günstiger als im Blumengeschäft. Und irgendwie auch kreativer, denn man denkt beim Pflücken schon darüber nach, wie man die Blumen später arrangieren will.

Die Saisonzeit zum Selberpflücken beginnt übrigens im April mit den ersten Tulpen. Ab Juli blühen dann die Gladiolen, außerdem Lilien und Sonnenblumen. Dahlien und Chrysanthemen gibt es sogar noch länger, je nach Witterung bis in den Oktober hinein.

Blumenfeld, Am Wildpark, 21224 Rosengarten

ÖPNV: Bus 340 und 544, Haltestelle Wildpark Schwarze Berge

Träumen unter Bäumen

60 *Die Liegen im Wohldorfer Wald*

Unfassbar! Da läuft man durch den Wald. Wandert. Schwitzt. Und plötzlich stehen da zwei Liegen. Aus Holz und doch geradezu ergonomisch geschwungen. Mit dem Blick in die Blätter der Bäume. In einer waldig duftenden, stillen Natur. Und dann legt man sich hin. Schließt die Augen. Und weiß doch, dass diese Entdeckung kein Traum ist. Denn die beiden Liegen stehen im Wohldorfer Wald, einem 278 Hektar großen Naturschutzgebiet ganz im Nordosten von Hamburg. Als einer der ältesten Wälder ist er zugleich das älteste Forstrevier und der größte zusammenhängende Laubwald der Stadt. Seit 1770 ist der Wohldorfer Wald als Erholungsgebiet ausgewiesen. Von der letzten Eiszeit vor rund 20.000 Jahren geformt, ist er geprägt von einstigen Sümpfen und Senken, in denen sich bis heute das Wasser staut. Die Erde ist sumpfig und Schwarzerlen stehen im Wasser. Ihre Wurzeln können es nur deshalb so lange unter Wasser aushalten, weil die Bäume Luftwurzeln bilden, die aus dem Wasser herausragen.

Überall längs der Wege kann man Totholz entdecken, in dem wieder neues Leben entsteht. Es gibt Käfer, Ringelnattern, Dachse, Fischotter, Füchse und Wildschweine, mehr als 280 unterschiedliche Pflanzenarten und Vögel wie Mittel- und Schwarzspecht, Waldlaubsänger, Mönchsgrasmücke, Gartenbaumläufer, Misteldrossel, Eisvogel, Waldschnepfe, Rotkehlchen, Amsel, Kleiber und Drossel. Und es gibt die Herrenhausallee in Duvenstedt, von der aus man gleich neben dem Wohldorfer Herrenhaus in den Auewanderweg und sofort wieder rechts über die kleine Brücke in den Wohldorfer Wald hineingehen kann. Dort führt uns der Senatorenstieg an einigen interessanten Schildern des dortigen Bodenlehrpfades vorbei und dann geradewegs zu einem auf einem kleinen Hügel liegenden Gefallenendenkmal, hinter dem versteckt die beiden Liegen stehen. Entdeckt? Dann: hinlegen, Augen schließen und ein Bad im Wald genießen!

TIPP Waldbaden ist übrigens wie so vieles rund um das Thema Wald ein Trend. Auch abseits der Liegen.

Herrenhausallee, 22397 Hamburg
ÖPNV: Bus 176 und 276, Haltestelle Duvenstedter Triftweg

61 *Der Gokarthof in den Vier- und Marschlanden*

Schwung nehmen – treten, treten, treten – und mit einem rasanten Tempo über den langen Feldweg sausen. Immer geradeaus, direkt auf das schöne, alte Hofgebäude zu. Ein tolles Gefühl. Und man hat zu allem Glück auch noch die ganz große Auswahl: Moon-Cars, Dino-Cars, Gokarts in allen Variationen, von Kinderfahrzeugen bis zu solchen für Erwachsene.
Auf dem Gokarthof von Gerhard Bardowicks findet man alles das. Eigentlich zum Verkauf. Das ist auch der Grund, warum man nicht einfach vorbeikommen, sich ein Fahrzeug schnappen und durch die Vier- und Marschlande fahren kann. Allerdings kann man nach Voranmeldung auf dem Hof Geburtstag oder sonstige Feste feiern, und das sogar mit eigenem kleinen Beach-Bereich, Kletterwand und Trampolin. Außerdem ist es möglich, sich auf dem Hof Fahr- und Spielzeuge zu leihen oder eben mit den Gokarts die schöne – und flache – Gegend zu erkunden. Zum Beispiel direkt vom Gokarthof aus über einen Teil des insgesamt 33 Kilometer langen Marschbahndamms oder über den Neuengammer Hausdeich die Dove Elbe entlang bis nach Reitbrook und zurück.
Für noch mehr Spaß hat Gerhard Bardowicks sogar die perfekten Kooperationspartner: Zusammen mit Paddel-Meier (www.paddel-meier.de) und der Wein- und Friesenstube bietet er auf der Gose Elbe und durch die Vier- und Marschlande kombinierte Paddel-Radtouren mit anschließendem Barbecue an (Info und Reservierungen Tel. (0 40) 7 37 22 70 oder (0 40) 7 37 41 98).

TIPP

Wer müde vom Tag ist, kann sich in der Wein- und Friesenstube stilecht im Weinfass schlafen legen: Dort gibt es nämlich das einzige Fasshotel Hamburgs (https://friesenstube.hamburg).

Gokarthof Vierlanden, Neuengammer Hausdeich 101, 21039 Hamburg
www.gokarthof.de
ÖPNV: Bus 227 und 427, Haltestelle Windpark Neuengamme

Blütenexplosion

62 *Die Rhododendren im Hirschpark in Nienstedten*

Sie sind so hoch wie Hauswände. Alt, mächtig, außergewöhnlich. Und sie blühen so verschwenderisch schön, dass ein Besuch im Hirschpark am Elbuferhöhenweg bei Nienstedten unbedingt im Frühsommer geplant werden sollte. Zur Rhododendren-Blüte im Mai und Juni. Denn dann dominiert ihre rosa Blütenpracht alles. Die Rhododendren ziehen die Blicke noch mehr an als die Aussicht vom Hirschpark über das Elbtal und die gegenüberliegenden Geesthänge der Harburger Berge. Diese üppigen Rhododendronbestände sind uralt und stehen rund um die barocke, zum Teil vierreihige Lindenallee, längst der Liegewiese und entlang der zahlreichen geschwungenen Wege, die durch den 1620 als Landgut angelegten Park führen.

Der fast 25 Hektar große Hirschpark ist – auch nach der Blüte der riesigen Pflanzen – ein Gesamtkunstwerk. Es war das größte Landgut der Umgebung, als der Kaufmann Johan Cesar IV. Godeffroy (1742–1818) das Grundstück 1786 bei einer Auktion erwarb. Später errichtete er dort ein klassizistisches Landhaus sowie ein reetgedecktes Kavaliershaus und ließ das Gelände als englischen Landschaftsgarten gestalten. Seine Nachfahren legten dann noch ein Hirschgatter an, was dem heutigen Park seinen Namen gab. Uralte Bäume, ein französischer Garten, weite Wiesenflächen, kleine Brunnen, ein Bauerngarten, Bänke mit Aussicht … Alles das gibt es – genau wie die Lindenallee und die Rhododendren – bis heute. Und so darf man sich nicht wundern, wenn man im Hirschpark neben Damhirschen auch Wasservögeln und jeder Menge Wildkaninchen begegnet.

TIPP

Unbedingt im „Witthüs", dem einstigen Wohnsitz des Schriftstellers und Orgelbauers Hans Henny Jahnn, stilecht Tee trinken und Kuchen essen.

Hirschpark, 22587 Hamburg, zwischen Elbchaussee, Mühlenberg, Am Hirschpark und Blankeneser Kirchenweg

ÖPNV: Bus 588, Haltestelle Gätgensstraße

Mühlen-Idylle

63 *Der Mühlenteich im Hainesch/Iland in Bergstedt*

Manchmal hat man eben besonders großes Glück und sieht einen der seltenen und streng geschützten Eisvögel, die versteckt im kleinen Naturschutzgebiet Hainesch/Iland in Bergstedt leben. Das Gefieder schillernd orange und eisblau, schießt der rund 17 Zentimeter kleine und nur 40 Gramm leichte Vogel dann durch die Luft. Seinen Jungen gräbt er tiefe Höhlen in die steilen Hänge in den Bachtälern und brütet dort von Ende März bis Anfang April. So auch im kleinen, sehr hügeligen Areal ganz im Norden von Hamburg. – Aber Glück ist es ja eigentlich auch schon, einfach dort zu sein. Die bergige, waldige Landschaft zu genießen. Das Laub unter den Füßen rascheln zu hören. Und immer wieder neue und andere Blicke auf die Natur zu haben: auf Pferdekoppeln und kleine Bäche, auf hölzerne Brücken, alte Häuser, steile Waldhänge und eben ihn: den Mühlenteich.

An ihm sitzt es sich ganz besonders idyllisch. Unter alten Bäumen. Auf den Holzbänken eines Biergartens. Mit Blick auf den in der Sonne schimmernden See, auf dem verwitterte Baumstämme schwimmen, über denen Mücken tanzen. Dann trinkt man ein kühles Bier. Und genießt. So wie es schon vor rund 100 Jahren die Bauern und Kutscher taten, die dort saßen und bewirtet wurden, während sie darauf warteten, dass nebenan in der durch die Wasserkraft der aufgestauten Saselbek gespeisten Mühle ihr Korn gemahlen wurde. So wurde aus dem 1880 aus gelben Trilluper Ziegeln errichteten Mühlengebäude mitsamt seinen Nebengebäuden mit der Zeit eine beliebte Gastwirtschaft mit Salon und Biergarten. Das alte Wasserrad wurde durch eine starke Turbine ersetzt, die seit Ende der 1990er-Jahre eigenen Strom produziert.

Eine erste „Alte Mühle“ gab es bereits seit etwa dem 16. Jahrhundert an diesem Ort. Sie wurde zuerst als Pulvermühle, dann als Stampfmühle für Münzen und ab 1695 als Kornmühle genutzt.

TIPP Rechts vom Biergarten den Berg hinauflaufen und durch das dichte Blätterdach von oben den Blick auf den See genießen.

Mühlenredder, Alte Mühle 34, 22395 Hamburg
ÖPNV: Bus 175, Haltestelle Iland, Bus 276, Haltestelle Mellingburgredder

Gärten am Fluss

64 *Das Schillerufer längs der Bille in Bergedorf*

In hölzernen Hochbeeten wachsen Salate, Karotten und Radieschen, es gibt einen Kräutergarten, der wie eine kringelige Schnecke angelegt ist, und es gibt Kisten mit bunten Blumen. Der Schillergarten am Schillerufer ist eines von zahlreichen Urban-Gardening-Projekten in Hamburg und zugleich fügt er sich nahtlos in das Konzept des neu angelegten Schillerufers ein, das sich längs des alten Bergedorfer Villenviertels zwischen Bergedorfer Schloss und Bergedorfer Mühle entlang der Bille erstreckt. Die Grünanlage war bereits in den 1920er-Jahren entstanden und nach dem Dichter Friedrich Schiller (1759–1805) benannt worden. 2010 hat man sie dann aufwendig erneuert, aber dennoch in ihrem alten Stil erhalten. So wurden neue Bäume gepflanzt, ein alter Dahliengarten reaktiviert, die Wege neu gemacht, Beete angelegt und weiße Bänke aufgestellt. Auf diesen Bänken kann man nun herrlich sitzen und auf die Bille gucken, die sich von ihrer Quelle im Herzogtum Lauenburg über 65 Kilometer bis zur Mündung in der Norderelbe schlängelt und in Bergedorf schon ein stattliches Flüsschen ist, in dem sich Fische wie Karpfen, Zander, Aale und Hechte tummeln. Man kann Kanufahrer beobachten, die ihre Bahnen über den Fluss ziehen, und am Ufer der Bille eine der vielen abwechslungsreichen Landschaften entdecken, die die Bille umgeben. Man kann aber auch hinüber zu den Gärten und Hochbeeten schauen und den Hobby-Gärtnern zusehen, die sich regelmäßig im Schillergarten treffen. Oder man kann selbst Hand anlegen. Zuerst einmal probeweise am Besucherbeet, einem Hochbeet, das auch Gäste bepflanzen und abernten dürfen – selbstverständlich nur mit essbaren Pflanzen und ohne chemische Düngemittel. So kommen Menschen zusammen: Einheimische und Fremde, Junge und Alte, Gartenprofis und Gartenentdecker. Gemeinschaft im wahrsten Sinne.

TIPP Ein Boot mieten und über die Bille schippern kann man gleich am Schillerufer (http://bootshaus-bergedorf.com).

Entlang der Bille, gegenüber dem Bille-Bad, Reetwerder 25, 21029 Hamburg
ÖPNV: S21/Vorortzug R20, Haltestelle Bergedorf, Bus 135, Haltestelle Schillerufer

Aufs Wasser schauen

65 *Rast und Ruhe am Außenmühlenteich in Harburg*

Der Harburger Stadtpark ist ein richtig alter Volkspark aus den 1920er-Jahren. Etwa 90 Hektar groß. Und sein 25 Hektar großer See, der Außenmühlenteich, ist ein ehemaliger Mühlenteich aus dem 16. Jahrhundert, der auf eine um 1565 durch Otto II. errichtete Butenmühle zurückgeht. Ein breiter Damm, auf dessen Mitte bis 1930 die Mühle stand, staut den rund vier Kilometer südlich von Harburg entspringenden Mühlenbach künstlich auf und macht ihn im Süden von Harburg zum See, in dem es sogar schon 1890 eine erste Badeanstalt gab.

Uralt ist das also alles. Deshalb wirkt der riesige See mit seinen Ufern auch so gewachsen. So urig. Um ihn herum stehen alte Bäume. Auf seiner Wasserfläche fahren Besucher mit Tretbooten. Oder spielen Wasserball. Und an seinen Ufern spielen Kinder, sitzen Menschen in Biergärten. Ein paar Spaziergänger dösen versonnen am Wasser. Genießen den Feierabend am See.

Wer mag, kann den rund drei Kilometer langen Rundweg gehen, von dem aus man immer wieder neue Aussichten auf den von Süden nach Norden gut einen Kilometer langen und im Durchschnitt 250 Meter breiten Riesenteich hat. Immerhin ist der Außenmühlenteich damit gut dreimal so groß wie der See im Hamburger Stadtpark. Nur viel weniger gut besucht ist er eben. Zum Glück, denn so hat man immer wieder, ganz besonders auf den umliegenden Wegen durch den Wald, Momente der Stille, in denen man – vor allem außerhalb der Ferien und der Sommersaison – eher wenige Menschen trifft. Perfekt für einen stillen Spaziergang im Herbst oder einen entspannten Spätsommerabend am Ostufer des Sees.

TIPP Lust auf Schweden? Dann unbedingt das MidSommerland besuchen! Das Schwimmbad grenzt direkt an den See.

Außenmühlenteich, 21077 Hamburg, Parkplätze unter anderem am Gotthelfweg
ÖPNV: Bus 145, Haltestelle Freizeitbad MidSommerland

Eintauchen ins Glück

66 *Die Bade-Stege an der Dove Elbe in Allermöhe*

Es sind vier lange Badestege, die in die Dove Elbe ragen und von denen man an heißen Sommertagen in das saubere, glasklare Wasser springen kann. Zu erreichen sind sie entweder vom Parkplatz am Eichbaumsee aus, von wo aus es dann in knapp zehn Minuten Fußweg zur Dove Elbe geht. Oder man steigt einfach beim Pumpwerk Allermöhe aus dem Bus. Läuft den Trampelpfad zur Dove Elbe hinunter und die dann ein paar Meter entlang. Dann sieht man sie: vier Holzstege, die ins Wasser ragen und auch an nicht so heißen Tagen einfach perfekt sind. Dann sitzt man eben einfach nur da und schaut auf die klare Wasserfläche. Oder hinüber zur Reit. Manchmal rudert dann ein Regattafahrer den Fluss entlang. Oder ein paar Enten schauen vorbei. Idylle pur. Dazu noch ein gutes Buch und ein leckeres Picknick dabei.

Früher war die Dove Elbe ein wichtiger Transportweg für die Obst- und Gemüsebauern der Umgebung, die ihre Ware auf den Hamburger Märkten verkauften. Und bereits im Mittelalter wurde der frühere Elbarm durch Abdeichung vom Hauptstrom getrennt, daher blieb er „taub", also niederdeutsch „dov", hat weder Ebbe noch Flut und fließt erst wieder bei Georgswerder in die Norderelbe.

Natürlich sind die vier Stege nicht die einzigen Badestellen an der insgesamt 18 Kilometer langen Dove Elbe. Aber sie sind eben ganz besonders schön. Und wer es zusätzlich auch noch etwas sportlich mag, darf nebenan im rund 28 Hektar großen Eichbaumsee zwar nicht baden, da der See ein Problem mit Blaualgen hat, aber ungestört um ihn herum joggen oder spazieren gehen. Das Gleiche gilt für die schönen Wiesen rund um das Areal. Oder aber man entscheidet sich für den Sport auf dem Wasser und leiht sich im Wasserpark Dove Elbe ein Kanu oder Kajak aus, denn Dove und Gose Elbe gelten als ein beinahe strömungsfreies Paddelrevier.

TIPP

Yoga auf dem SUP-Board? Ganz in der Nähe auf der kleinen Gose Elbe ist das möglich (Infos unter www.paddel-meier.de/supyoga).

Dove Elbe, 21037 Hamburg, Parkplatz am Eichbaumsee
ÖPNV: Bus 321, Haltestelle Pumpwerk Allermöhe

Den Wind im Gesicht

67 *Segelkurs auf der Alster*

Sie gehören zu Hamburg wie Michel und Elbphilharmonie, wie St. Pauli und herrlich klebrige Franzbrötchen: die Segelboote. Die gibt es sowohl auf der Elbe als auch auf der Alster. Nur ist die Elbe, über die geübte Segler zum Nord-Ostsee-Kanal und dann weiter in die Nordsee segeln können, eben stark befahren und unterliegt Ebbe und Flut. Für den Anfänger ist daher die Außenalster das weitaus bessere Revier, wenn auch sie wegen ihrer launischen Windverhältnisse, der drehenden Winde und natürlich an sonnigen Tagen alles andere als zu unterschätzen ist. Und doch – blickt man auf die vielen Segel, die besonders an Sommerwochenenden über dem Wasser schaukeln – sind hier ganz viel Segel-Spaß und Segel-Tradition zuhause. Kein Wunder also, dass sich zahlreiche Segelschulen an den Ufern der Alster befinden, darunter einige, die Institutionen gleichen. Die Segelschule Pieper zum Beispiel, die es seit mehr als 55 Jahren gibt und die neben allen gängigen Kursen auch Schnuppersegeln und Segeltörns auf der Ostsee anbietet. Oder die Segelschule Käpt'n Prüsse, die ebenfalls Schnuppersegeln anbietet. Und Hamburg City Sailing, wo man auch als absoluter Segel-Laie mit dem Skipper auf der Alster mitsegeln kann und dabei gleich noch eine anderthalbstündige Stadtführung bekommt. Wer mag, kann dann mit Hand anlegen, Fragen stellen oder einfach gar nichts tun und die Tour mit der mal ganz anderen Sicht auf die Hansestadt genießen.
Eine erste Regatta gab es übrigens schon 1850 auf der Alster. Damals blickten die Hamburger – wie bei so vielen anderen Dingen auch – nach Großbritannien, wo der Sport bereits bei den reichen Familien zum guten Ton gehörte. Saison ist zwischen März und Oktober. Und in jedem Jahr gibt es Veranstaltungen und Events rund um den eleganten Wassersport.

Segelschule H. Pieper, An der Alster/Atlanticsteg, 20099 Hamburg, Tel. (0 40) 24 75 78, www.segelschule-pieper.de; Segelschule Käpt'n Prüsse, An der Alster 47a (Gurlittinsel), 20099 Hamburg, Tel. (0 40) 2 80 31 31, https://pruesse.de; Hamburg City Sailing, Alsterufer 2, 20354 Hamburg, Tel. (0 40) 76 50 00 66, https://hamburg-city-sailing.de

ÖPNV: Bus 6 und 127, Haltestelle Gurlittstraße

Für Sternengucker

68 *Der Park der Sternwarte in Bergedorf*

Ein hügeliges Gelände auf dem Gojenberg in Bergedorf. Mit alten Bäumen. Dazwischen Wiesen. Und immer wieder uralte Gebäude. Mit hellen Fassaden. Und doch immer anders. Mal schmucke hölzerne Eingangsbereiche. Dann wieder etwas verfallene Industrieromantik. Der kleine Sonnenbau mit seiner großen Dachkuppel. Villenbauten im Jugendstil. Dicht bepflanzte Blumenkübel. Blühende Vorgärten. – Der geschwungene Weg zwischen den Häusern der Sternwarte in Bergedorf hindurch ist wie eine Entdeckungsreise. Denn da sind diese alten Gemäuer, hinter denen sich spannendste Wissenschaftsgeschichte verbirgt. Der Feinmechaniker Johann Georg Repsold (1770–1830), Gründer der Werkstatt für astronomische Instrumente, hatte nämlich 1825 auf dem Gelände des heutigen Museums für Hamburgische Geschichte am Holstenwall eine Sternwarte als privates Institut errichtet, das 1833 zum Staatsinstitut umgewandelt wurde. Daraus entstand die 1912 fertiggestellte Sternwarte in Bergedorf – die damals modernste ihrer Art und zum Beobachten der Sterne weitaus besser geeignete als die im viel zu lichtreichen Hamburger Zentrum.

Noch heute wird die fast im Originalzustand erhaltene Anlage als Außenstelle der Universität Hamburg für die Forschung genutzt, denn weder die Gebäude noch die uralten Geräte darin waren in zwei Weltkriegen zerstört worden. So steht dort unter anderem das Teleskopgebäude mit dem Großen Refraktor von 1911, einem der größten Linsenmikroskope Deutschlands: mit 60 Zentimetern Objektivdurchmesser und neun Metern Brennweite. In den 1970er-Jahren entdeckte der Astronom Dr. Lubos Kohoutek von der Bergedorfer Sternwarte aus den Kometen C/1973 E1, bekannt als Komet Kohoutek. Der Weg über das Gelände ist gleichzeitig ein Weg durch das Universum, denn ein Planetenpfad stellt ein maßstäbliches Modell des Sonnensystems dar und vermittelt ein Gefühl für die Dimensionen der Himmelskörper. Venus, Mars, Sonne, Erde und Mond … Sie alle werden genau erklärt. Genau dort, wo sie in Hamburg die womöglich wichtigste Rolle spielen.

Sternwarte Hamburg, August-Bebel-Straße 196, 21029 Hamburg, Tel. (0 40) 64 68 29 75
www.hs.uni-hamburg.de
ÖPNV: Bus 332, Haltestelle Sternwarte (Universität)

Zum Helden werden

69 *Die Ackerhelden im Norden und Süden der Stadt*

Lust auf den eigenen Bio-Gemüsegarten? Aber weder einen eigenen Garten noch einen Schrebergarten zur Hand? Dann wartet in Hamburg ein Angebot, das es inzwischen auch schon in anderen Regionen Deutschlands gibt. Bei den Ackerhelden kann man sich so etwas nämlich mieten – und das gleich zweimal in der Stadt: im Süden im Spadenland nahe der Norderelbe und im Norden gleich hinter der Grenze nach Tangstedt. In beiden Fällen sehr schön gelegen und in unmittelbarer Nähe zu Bio-Höfen.
Gepflegt, gegossen und geerntet wird zwischen Anfang Mai und Ende November. Alles, was dort wächst, ist natürlich bio. Die Ackerhelden sind Partner von Bioland und die eingesetzten Flächen, Saaten und Jungpflanzen haben entsprechend Bio-Qualität. Die Mietgärten sind 40 Quadratmeter groß und liegen auf Feldern, auf denen dann gleich mehrere Ackerhelden ihre Beete bearbeiten. Gemeinsam unter Gleichgesinnten macht so etwas nämlich noch viel mehr Spaß. Und der Blick auf die Beete lässt erahnen, wie gut dieses Gefühl ist, wenn nach und nach das Gemüse wächst und man dann jede Woche eine neue reiche Ernte mit nach Hause nehmen kann – als perfekte Belohnung nach den Arbeitsstunden auf dem Feld.
Die Beet-Miete für sechs Monate beträgt 199 Euro. Da ist dann aber auch schon das Gemüse mit drin, denn wer bei den Ackerhelden einen Garten mietet, findet ihn bereits biozertifiziert und professionell mit mehr als 150 unterschiedlichen Bio-Jungpflanzen bepflanzt vor. Und auch Gartengeräte, Gießwasser, ein Einführungsworkshop und die komplette Saison über eine umfassende Beratung mit Rezepten und Tipps zum Einmachen sind inklusive.
Zu den angebauten Gemüsesorten gehören unter anderem gelbe und rote Kartoffeln, gelbe und rote Zwiebeln, weißer und blauer Kohlrabi, Fenchel, Sellerie, Rote Bete, Schnittlauch, Petersilie, Ringelblumen, grüner und roter Salat, Mangold, Spinat, Kornblumen, Rosenkohl, Wirsing und mehr. Bio-Gemüse im Wert von mehr als 500 Euro für zwei Stunden Arbeit pro Woche im Saisondurchschnitt.

www.ackerhelden.de/garten-mieten

Bürgermeisters Garten

70 *Der Kellinghusenpark in Eppendorf*

Zwischen den Häusern Eppendorfer Landstraße 60 und 62 befindet sich eine unscheinbare Toreinfahrt. Geht man dort hindurch, steht man – schwups – direkt im Kellinghusenpark. Das 2,5 Hektar große Areal mit riesiger Wiese, gemütlichen Bänken, alten Bäumen, kleinen Wegen, wunderschönen Blumenrabatten und dem idyllischen Teich in der Mitte ist eine romantische grüne Oase mitten im Trubel der Großstadt. Und es ist zugleich auch ein Park mit Geschichte.

Im erstmals 1140 urkundlich erwähnten Eppendorf wurden nämlich bereits vor dem 17. Jahrhundert Kräuter- und Nutzgärten angelegt. Später bauten reiche Hamburger pompöse Landhäuser in die immer prachtvoller werdenden Grünanlagen. So tat es auch der Hamburger Bürgermeister Heinrich Kellinghusen (1796–1879), der das Anwesen, auf dem heute der Park liegt, 1842 kaufte. Damals war der Landsitz 20.000 Quadratmeter groß und bekannt für seine seltenen Pflanzen, darunter die „Königin der Nacht", eine Kakteen-Art, deren Blüten sich nur einmal im Jahr und dann auch nur ausschließlich nachts öffnen. Der ganze Garten war eine Zierde: mit englischem Rasen, einem von Maulbeeren umrankten Gartenhaus, einem Treibhaus mit Halle für die Orangenbäume, mit Kalthaus zur Überwinterung der Azaleen und zwei Wärmehäusern. Jedes Jahr im Mai zogen die Kellinghusens nach Eppendorf und verbrachten dort ihre Sommer, erst Mitte Oktober ging es wieder zurück in die Stadt.

TIPP Lust auf ein Bad? Verlässt man den Park zur U-Bahn hin, stößt man auf das Holthusenbad, ein 1914 erbautes Thermalbad.

Aus der Zeit geblieben sind heute nur noch einige uralte Bäume, außerdem der kleine See mit dem reetgedeckten Häuschen daneben. Ganz klein, hutzelig und heimelig. Früher war es Kellinghusens Werkstatt, heute gehört es dem Naturschutzverein BUND, der es für die Jugendarbeit nutzt.

Kellinghusenpark, Stadtteil Eppendorf, 20249 Hamburg
ÖPNV: Bus 34 und 114, Haltestelle Bezirksamt Hamburg-Nord, U1 und U3, Haltestelle Kellinghusenstraße

Brutzeln mit Hafenblick

71 *Grillstationen auf der Michelwiese/Neustadt*

Sie ist Hamburgs Wahrzeichen: die evangelische Hauptkirche St. Michaelis, von allen nur „Michel" genannt. Die dreischiffige barocke Hallenkirche zählt mit ihrem 132 Meter hohen, mit Kupferplatten verkleideten Turm zu den schönsten Kirchen Norddeutschlands. An diesem Turm, der das Stadtbild prägt, prangt die größte Turmuhr Deutschlands. 2500 Menschen finden in dieser größten Kirche Hamburgs Platz. Wer mag, kann die 452 Stufen zur 82 Meter hohen Aussichtsplattform hochsteigen. Ein Traumblick. Und genau zwischen dieser berühmten Kirche und dem Verlagshaus Gruner + Jahr erstreckt sich zum Hafen hin am Hang eine große Wiese. Mit Bänken, einem großen Wasserbassin in der Mitte, mit Treppen und kleinen Wegen. Ein Ort mit Aussicht und ideal, um einfach auf der Wiese zu sitzen und zu genießen. Im unteren Bereich gibt es eine Spiel- und Liegewiese. Außerdem stehen dort bunte Stationen, die noch etwas ganz anderes ermöglichen: Grillen für jedermann!

Auf der Michelwiese ist es nämlich ausdrücklich erlaubt, dass man mitten in der Stadt den Grill anschmeißt. Diese Stationen sind ziemlich einzigartig. Entstanden sind sie 2013 im Rahmen eines von der Stadt unterstützten Pilotprojektes nach australischem Vorbild. Man braucht eigentlich nur Grillgut und ein paar Euromünzen, denn je 20 Minuten kostet das Grillen 2 Euro. Dafür muss man aber keine Kohle schleppen, endlos mit dem Grillanzünder gegen den Hafenwind ankämpfen und läuft später beim Grillen nicht Gefahr, ein unkontrolliertes Feuer zu entfachen oder sich und den umliegenden Erholungssuchenden mit unnötigem Qualm und Rauch den Blick auf die Elbe zu vernebeln. Die Grillstation besteht nämlich aus einer 54 x 54 Zentimeter großen Elektrogrillfläche, die regelmäßig professionell gereinigt wird und recht zuverlässig und gefahrlos funktioniert.

TIPP Gleich am Parkhaus Michel-Garage mündet die Ditmar-Koel-Straße, die ins wunderbare Portugiesenviertel führt.

Michelwiese, 20459 Hamburg, Parkhaus Michel-Garage
ÖPNV: U3, Haltestelle Baumwall

Grillstation

Inspiration für Hobbygärtner

72 *Der Botanische Sondergarten in Wandsbek*

Eigentlich sieht die Straße nach einer ganz normalen Wohnstraße aus. Dazwischen der eine oder andere Industriehof. Aber ein botanischer Garten? Darauf deutet nur ein Gewächshaus hin. Auch nicht mehr das jüngste, aber hübsch und montags bis donnerstags zwischen 7 und 15 Uhr sowie freitags von 7 bis 14 Uhr geöffnet. Und ein unscheinbarer Seiteneingang mit einem schlichten Törchen. Doch dahinter dann ein Ort wie eine Offenbarung, ein anderthalb Hektar großes Wunder. Liebevoll angepflanzt. Mit kleinen Liegeecken, Bänken und versteckten Schattenplätzen. Und vor allem: mit einer unfassbaren Blütenpracht, darunter Pflanzen, die neugierig machen, weil man ihnen mitten in der Stadt auch in Parks nicht unbedingt begegnet. Da gibt es zum Beispiel einen Liebesperlenstrauch mit giftigen kleinen Perlen, außerdem Mammutbäume, einen Taschentuchbaum mit Blüten wie weiße Taschentücher, Bananenstauden, Palmen und sogar fleischfressende Pflanzen. Insgesamt präsentieren sich in Park und Gewächshaus mehr als 1000 verschiedene Pflanzen.

Ganz besonders interessant ist der Garten übrigens für Hobbygärtner, denn die finden neben dem Genuss beim Anblick der bunten Beete auch noch viele Anregungen im Bereich neben dem Gewächshaus. Da kann man zum Beispiel schauen, welche Möglichkeiten es gibt, Wege und Beete anzulegen oder Dächer zu begrünen. Außerdem können sich Hobbygärtner in Seminaren zum Thema Gartenwissen fortbilden: Rund ums Jahr gibt es Workshops, Führungen und Vorträge zu Themen wie Pflanzenkunde, Wildkräuter, Obstbaumschnitt, Gartenpflege zu den jeweiligen Jahreszeiten oder Saft aus den eigenen Früchten.

Der Eintritt in Park und Gewächshaus ist kostenlos, der Park ist ganzjährig von 7 Uhr an bis zum Einbruch der Dunkelheit geöffnet.

TIPP Der Garten ist besonders bienenfreundlich und macht bei der Initiative „Hamburg summt" mit (www.hamburg.deutschland-summt.de).

Botanischer Sondergarten, Walddörferstraße 273, 22047 Hamburg
www.hamburg.de/wandsbek/botanischer-sondergarten
ÖPNV: Bus 116, Haltestelle Ölmühlenweg (Nord)

Im Paddelglück

73 *Die Biergarten-Route in Wilhelmsburg*

Sich im Biergarten stärken, dann ins Kanu steigen und – gleich zum nächsten Biergarten weiterpaddeln. In Wilhelmsburg ist das möglich. Denn die beiden Biergärten „Willi Villa“ und „Zum Anleger“ sind richtige Geschwister, sie haben nämlich dieselbe Inhaberin. Und doch sind sie ganz unterschiedlich: In der „Willi Villa“ gibt es knapp 60 Plätze, eher kleine Snacks statt großer Gerichte und außerdem schließt das kleine Holzhaus am Kuckucksteich im Inselpark schon am frühen Abend. Dafür kann man dort aber fantastisch in der Sonne dösen, auf breiten Holzstegen sitzen und den Blick auf den kleinen Teich genießen. Der Biergarten „Zum Anleger“ am Ernst-August-Kanal hingegen ist ein richtiges Restaurant mit vielen Plätzen, das lange geöffnet hat und von großen Fleischgerichten bis zum veganen Burger alles bietet. Und ganz nebenbei gilt „Der Anleger“ als einer der schönsten Biergärten der Hansestadt.

Das Tolle ist aber der Weg dazwischen: Man kann sich nämlich in beiden Biergärten Kanus leihen und damit über die Kanäle fahren, die sie miteinander verbinden. Das ist eine gemütliche, etwa drei Kilometer lange Strecke von gerade einmal 40 Minuten Dauer, also nicht zu lang, aber auch nicht zu kurz, um hinterher nicht zumindest etwas hungrig zu sein. Die Tour führt dann über den Assmann-Kanal, vorbei am Bürgerhaus und durch das Gelände der Internationalen Bauausstellung (IBA) und der Internationalen Gartenschau (igs) in Wilhelmsburg 2013. Man sieht Seerosen und Industrie, bunte Gärten und futuristische Gebäude – und entdeckt ein kleines Stück Wilhelmsburg entspannt vom Wasser aus. Wer den Heimweg anderweitig antreten will, kann die Kanus übrigens auch beim jeweils anderen Biergarten abgeben.

TIPP Am Rande des Inselparks liegt das Projekt „Minitopia“, ein spannender Spielplatz urbaner Selbstversorgung.

Willi Villa, im Wilhelmsburger Inselpark, Hauland 81, 21109 Hamburg, Tel. (0 40) 86 68 77 81, www.willivilla.de; Zum Anleger, Vogelhüttendeich 123, 21107 Hamburg, Tel. (0 40) 86 68 77 81, www.zum-anleger.de; Parken: Inselpark Parkplätze, Wilhelm-Strauß-Weg 1B, 21109 Hamburg

ÖPNV: S3 und S31, Haltestelle Wilhelmsburg

2

Stilecht picknicken

74 *Goßlers Park in Blankenese*

Wann haben Sie zum letzten Mal den Picknickkorb gepackt? Schon lange her? Na, dann bereiten Sie am besten gleich ein paar Snacks zu, packen kühle Getränke ein und greifen sich eine stilechte, flauschige Picknickdecke und fahren los nach Blankenese. Gar nicht weit vom eleganten schneeweißen Bahnhofsgebäude liegt da nämlich Goßlers Park. Wenn man das Bahnhofsgebäude mit seinen von der römischen Antike inspirierten Rundbögen verlässt, geht man gleich nach rechts, die Blankeneser Landstraße entlang. Und da ist er dann auch schon: Goßlers Park mit seinem wunderschönen, tempelartigen und von Säulen umstellten Landhaus. Schneeweiß. Trampelpfade führen hinauf zum Park. Und vor dem Haus ist eine riesige Wiese. Also: einfach die schönste Stelle mit Sicht auf das elegante Haus aussuchen, die Decke ausbreiten und den Picknickkorb plündern.

Dabei kann man gedanklich toll in die Vergangenheit reisen. In die Geschichte von Goßlers Park und seinen Bewohnern. 1790 hatte der in Hamburg lebende englische Kaufmann John Blacker das Grundstück auf dem Krähenberg erworben. Damals gehörte Blankenese noch zu Dänemark. Blacker beauftragte den königlich dänischen Landbaumeister Christian Frederik Hansen, das damals noch einstöckige Landhaus zu bauen, und ließ einen Park im englischen Stil anlegen. 1811 kaufte der Kaufmann Theodor Heinrich Groverts das Gebäude, 1816 der Kaufmann Daniel Roß und 1897 der Kaufmann John Henry Goßler, der das Haus zweigeschossig umbauen ließ. Nach ihm wurden später Park und Haus benannt.

Satt gegessen? Dann unbedingt alles fein ordentlich einpacken und noch eine Verdauungsrunde um den Park laufen. Die angrenzenden Häuser und kleinen Villen sind sehenswert.

TIPP Wen es mehr nach außergewöhnlichen Teesorten gelüstet, dem sei Lühmanns Teestube gleich unterhalb des Parks empfohlen.

Goßlers Park 1, 22587 Hamburg
ÖPNV: S1, Haltestelle Blankenese

Vögel beobachten

75 *Naturschutzgebiet Die Reit in den Marschlanden*

Wer bislang nicht nachvollziehen konnte, dass Hobby-Ornithologen so für ihre Begeisterung brennen, sollte mit offenen Augen durch die Reit gehen. Denn bei einem Spaziergang über den Deich sind da plötzlich Schwärme von Vögeln. Man sieht sie. Hört sie. Fühlt sie. Und staunt. Ach, und nicht nur Vögel gibt es in der Reit. Gleich unterhalb des Weges schwimmen auf einmal zwei wollige Tiere – Biber, die immer wieder durchs Bild paddeln. Ganz ungestört. Als wüssten sie, dass ihnen zumindest der Mensch an diesem Ort wohlgesinnt ist und es vor einigen Jahren in den Hamburger Medien gefeiert wurde, dass endlich der Biber wieder zurück in der Elbe ist.

Beim Spaziergang durch das Naturschutzgebiet Die Reit, die in Reitbrook und Allermöhe in den Vier- und Marschlanden am Zusammenfluss von Dove und Gose Elbe liegt und als Teil des Elbe-Urstromtales zu den Flussmarschengebieten der Elbe gehört, wird einem bewusst, dass es sich um ein besonders geschütztes Gebiet handelt. Die insgesamt 92 Hektar große Reit ist ein Vogelschutzgebiet nach den Richtlinien der Europäischen Union, da auf ihrer Fläche ein bedeutendes Brut- und Rastgebiet vieler europäischer Singvögel liegt. Die nämlich fühlen sich im dichten Schilf- und Weidengebüschdickicht sichtlich wohl und finden dort Schutz und Nahrung, können ihren Nachwuchs versorgen oder sich für die nächste Etappe ihrer langen Reise stärken. Und so ist die Reit unendlich reich, wenn es um die Arten der Vögel geht, die in ihr leben: Eisvögel, Fischadler, Drosselrohrsänger, Tüpfelsumpfhühner, Trauerseeschwalben, Braunkehlchen, Große Rohrdommeln, Rohrschwirle, Rohrweihen … Sowohl solche, die gerne am Wasser sind, als auch viele, die Wälder und Wiesen lieben. Denn die Reit hat all diese Orte in sich vereint.

TIPP Der NABU Hamburg betreibt in der Reit eine Forschungsstation, die den Vogelzug erforscht (www.nabu-bergedorf.de/reitblog).

Die Reit, Reitbrooker Hinterdeich 320, 21037 Hamburg

ÖPNV: Bus 222, Reitbrooker Hinterdeich (von dort ca. 25 Minuten Fußweg)

Auf nackten Sohlen

76 *Der Naturerlebnispfad Alraune in Bramfeld*

Wie sich Tannenzapfen unter den Füßen anfühlen? Ein bisschen so wie eine etwas ungeschickte Massage. Außerdem ganz schön stachelig. Und Sand? Bei Sonne fühlt der sich ganz warm und anschmiegsam an, bei kaltem Wetter eher fröstelig. Steine? Okay, da ist man froh, wenn man das Stück hinter sich hat. Ach ja, und wie ist es mit Matsche? Großartig! Besonders der Moment, wenn einem die breiartige Brühe zwischen den Zehen hindurchwabert …

Aber, mal ganz ehrlich: So einen Barfußpfad, den kann man nicht beschreiben. Den muss man erleben. Mit nackten Füßen. Zusammengebissenen Zähnen. Und mit allen Sinnen. Denn genau das soll passieren, wenn Familien den Naturerlebnispfad Alraune besuchen. Sie sollen sich spüren. Sich und die Natur.

Die Idee dahinter entstand als Projekt der gemeinnützigen Gesellschaft mbH Alraune auf dem rund 16.000 Quadratmeter großen Gelände ihres Ausbildungszentrums für Garten- und Landschaftsbau (AZG). Da wurde und wird ein Natur- und Erlebnispfad mit 20 Stationen geschaffen, darunter ein Vogel- und Totholzpfad, ein Kräutergarten, Balancierstrecken, Tastkästen, eine Bienenstation und ein Imkerhaus – und eben der Barfußpfad, nach dessen Nutzung man die Füße in einen Eimer mit herrlich erfrischendem kaltem Wasser stecken kann. Geplant ist außerdem noch ein Mystik- und Irrgarten mit Windharfen, Lichtspiegelungseffekten und Klangsteinen.

Eigentlich wurde der Naturerlebnispfad angelegt, um bei den Grundschulkindern aus dem angrenzenden Stadtteil Steilshoop das Interesse an der Natur zu wecken und ihr Umweltbewusstsein zu erweitern – und zwar durch Entdecken und Forschen. Inzwischen können aber auch interessierte Erwachsene, Gruppen und Familien das kostenlose Angebot nutzen – gegen eine kleine Spende und mit Voranmeldung unter Tel. (0 40) 20 90 50 09 oder team@naturerlebnispfad-alraune.de. Unter der Adresse www.naturerlebnispfad-alraune.de gibt es weitere Infos zum Pfad.

Naturerlebnispfad Alraune, Fabriciusstraße 225, 22177 Hamburg
ÖPNV: Bus 118, Haltestelle Hallenbad Bramfeld

Bei Uwe am Strand

77 *Der Schiffsfriedhof in Blankenese*

Wer vom Strandweg in Blankenese weiter am Falkensteiner Ufer elbabwärts läuft, der spürt nicht nur den Sand unter den Füßen und den Wind im Gesicht, sondern sieht auch riesige Schiffe, dicke Frachter – mit etwas Glück eben auch sie: Uwe, Polstjernan und ein paar andere Schiffswracks, die bei Ebbe ihre dicken Nasen aus dem Wasser strecken. Denn da Nordsee und Elbe Tidegewässer sind, steigt und sinkt der Wasserspiegel. Entsprechend viel sieht man von den Schiffen, die da im Fluss wie hineingerammt liegen und von denen jedes eine spannende Geschichten zu erzählen hat. Also einfach hinsetzen, die Beine in den Sand buddeln und zurückdenken an die Zeit, als Uwe und Polstjernan – damals noch am Stück – über die Meere schipperten.

Der Motorsegler „Polstjernan", der 1926 im heutigen Nord-Ostsee-Kanal in Brand geriet, wurde von der Tauch- und Bergungsfirma Harmstorf geborgen und in Blankenese ans Ufer geschleppt. Die Harmstorfs waren in Hamburg geradezu eine Taucherdynastie, 1860 gegründet und immer stärker wachsend und in der ganzen Welt im Einsatz. Jahre später gesellte sich dann auch die „Uwe" mit ans Ufer: 1975 wurde das Unternehmen beauftragt, das vor Wittenberge mit dem Frachter „Wiedau" kollidierte Schiff zu bergen. Das war aber gar nicht so einfach, denn die „Wiedau" lag über der „Uwe" und die Strömung war so stark, dass die Bergung schwer wurde. Außerdem lag die „Uwe" auch noch quer zum Fluss und sehr feste im Schlick. Man musste bei der Bergung schon etwas Gewalt anwenden – und da passierte es: Die Uwe riss in drei Stücke, die alle drei an Land geschleppt wurden. Ans Falkensteiner Ufer, wo auch die Firma ihren Sitz hatte. Während Bug und Mittelschiff an Land ausgeschlachtet wurden, blieb das Heck für Untersuchungszwecke und die Klärung der Schuldfrage liegen. Das Geld für die Bergung fehlte auch. Und irgendwie gewöhnten sich die Menschen mit der Zeit an diesen skurrilen Anblick und wollten, dass der Rest der „Uwe" als Erinnerung bleibt.

TIPP Einen Gezeitenkalender gibt es unter www.hafen-hamburg.de/de/gezeitenstrom-elbe.

Falkensteiner Ufer, 22587 Hamburg
ÖPNV: Bus 488, Haltestelle Falkentaler Weg

HAMBURG
UWE

Mit Schwung ins Glück

78 *Die Erwachsenen-Schaukeln an der Außenalster*

Wie wunderbar das in der Magengegend kribbelt! Und wie frei man sich fühlt, wenn man so richtig Schwung nimmt und auf der Schaukel durch die Luft wirbelt! Ach, und erst dieser Blick – weit über die Alster, die an dieser Stelle besonders breit ist. Schaukeln für Erwachsene sollte es an viel mehr Orten geben. An diesem jedenfalls stehen sie bereits seit einigen Jahren: an der Schönen Aussicht 16. Das ist von der Innenstadt aus gesehen östlich der Alster, nur wenige Schritte hinter der „Alsterperle", wo man sich nach getanem Schaukeln stärken kann.

Sportschaukeln nennt man sie. Von denen gibt es mehrere in Hamburg. Im Eppendorfer Park und im Loogepark in der Hafencity zum Beispiel. Aber diese hier ist einfach besonders. Weil der Blick der schönste ist. Auf Boote, die sanft über die Alster gleiten, auf das Hamburg-Panorama in weiter Ferne und auf die Sonne, die auf der riesigen Wasseroberfläche glitzert. Alster eben. Oder genauer gesagt: Außenalster. Stattliche 164 Hektar groß. Umgeben von prachtvollen Villen und stillen Parks.

Übrigens macht das Schaukeln nicht nur Spaß, man verbrennt auch Kalorien – angeblich 200 Kilokalorien in der Stunde – und macht den Körper stark, sorgt für viel Sauerstoff und weckt die Lebensgeister. Außerdem ist uns das Schaukeln ja seit dem Mutterleib vertraut. Kein Wunder also, dass es beruhigt und mit jedem Schwung ausgeglichener und glücklicher macht – Traumblick inklusive!

TIPP Die passende Lektüre für die Ruhepause nach dem Schaukeln gibt es im Literaturhaus in der Buchhandlung Samtleben, Schwanenwik 38.

Schaukeln mit Alsterblick, Schöne Aussicht 16, 22087 Hamburg
ÖPNV: Bus 6 und 17, Haltestelle Averhoffstraße (von dort ca. 8 Minuten Fußweg)

79 *Die Sondergärten im Stadtpark*

Im Hamburger Stadtpark gibt es nicht nur großartige Konzerte auf der Open-Air-Bühne, Cafés und Biergärten, riesige Liegewiesen, coole Spielplätze und einen See, der zugleich in Teilen Freibad ist. In dem 150 Hektar großen Park gedeihen auch rund 200 Stauden- und 30 Blumenarten. Und vor allem gibt es: Kunst! Und die kann man besonders schön in den Sondergärten entdecken. Die beginnen gleich hinter dem Stadtparksee, wenn man über die Kaimauer und dann rechts den schmalen Weg entlanggeht. Als Erstes begegnet man dann Diana, der Göttin der Jagd und Schutzpatronin der Frauen, auf einer Hirschkuh sitzend. Eine 1910 entstandene Skulptur des 1872 geborenen Künstlers Georg Wrba. Hinter dem Dianagarten links geht es zum Heckengarten mit den Figuren von Adam und Eva. Die Marmorskulpturen des Bildhauers Oscar E. Ulmer stehen inmitten kunstvoll geschnittener Hainbuchenhecken, hinter denen es zum Senkgarten und zum Pinguinbrunnen geht. Letzterer ist selbst an den trubeligsten Sommertagen ein Ort der Ruhe und des Schattens. Auf Bänken kann man rund um das Blutbuchenrondell sitzen, in dessen Mitte sich ein abgesenkter Garten befindet. Über vier Stufen kann man zum achteckigen Brunnentrog gehen, um den sechs Pinguinfiguren hocken.

TIPP Am Stadtparksee unbedingt in Sierichs Biergarten den vielleicht schönsten Sonnenuntergang der Stadt genießen.

Dass es im Stadtpark mehr als 20 verschiedene Kunstwerke gibt, geht auf die Initiative Alfred Lichtwarks zurück, der von 1886 an der erste Direktor der Hamburger Kunsthalle war. Sein Ziel war es, eine Art Freilichtmuseum zu schaffen, damit auch das einfache Volk Zugang zur Kunst bekam. Der Park, der europaweit als eines der bedeutendsten Gartenkunstwerke der 1920er-Jahre gilt, wurde 1914 in seinen Grundzügen fertiggestellt. Richtig vollendet war der Park dann 1929, nach dem Zweiten Weltkrieg und vielen Zerstörungen wurde er aber immer wieder verändert und erweitert.

Stadtpark, 22303 Hamburg, Parkplatz Saarlandstraße
ÖPNV: S1 und 11, Haltestelle Alte Wöhr, U3, Haltestelle Borgweg

Mitten in der Welt

80 *Das ElbeCamp am Falkensteiner Ufer in Blankenese*

Mal angenommen, man würde nach einem sehr tiefen Schlaf die Augen aufschlagen und säße: im ElbeCamp. Man hätte keine Ahnung, wo man sich gerade befindet. Nicht in welchem Land. Nicht an welchem Ort. Nicht ob in einer Großstadt oder auf einer kleinen Insel. Denn eben genau das ist das Besondere an diesem Ort: Nichts ist festgelegt, nichts ist vorgegeben. Der Camping-Platz direkt am Falkensteiner Ufer in Blankenese ist ein Projekt des Kinderschutz und Jugendwohlfahrt e.V. Hamburg und liegt unmittelbar am Strand. Ab und an ziehen dicke Frachter oder elegante Kreuzfahrtschiffe vorbei. Ansonsten aber ist da eine wunderbare Ruhe. Die Menschen sind international – von Backpackern aus Asien über Sightseeing-Touristen aus Europa bis hin zu Ruhesuchenden direkt aus Hamburg. Junge und Alte. Arme und Reiche. Abenteurer und Ruhesuchende. Es gibt keine Grenzen, weder national noch sozial. Es ist nicht alles vorgegeben. Es gibt auch keine richtigen Verbotsschilder. Und Werbung, zum Beispiel am Kiosk, die gibt es im ElbeCamp auch nicht. Eine Atmosphäre, die kreativ und offen ist – und die kreativ und offen macht.

TIPP Während der Hamburger Sommerferien bietet der Circus Abrax Kadabrax Mitmachzirkus an – für kleine wie große ElbeCamper.

Der Strand-Campingplatz gliedert sich in vier nebeneinanderliegende Bereiche: einen für Dauercamper, einen für Reisende mit Wohnwagen und Wohnmobilen, dann in den Zeltplatz und einen Platz mit Gruppenzelten für Kinder und Jugendgruppen, auch ein großes Tipi ist dabei. Es gibt Spiel- und Sportbereiche, ruhige Sitzecken, bunte Hängematten zum Entspannen unter Bäumen, es gibt das „Café Lüküs", in dem sich die Gäste treffen und fantastisch essen können, und natürlich gibt es den breiten Elbstrand, zu dem man von allen Seiten aus Zugang hat. Und wenn man dann am Morgen die Nase aus dem Zelt steckt, dann muss man wirklich erst einmal kurz überlegen, wo man ist. Eben weil man überall sein könnte auf der Welt. Und das gleich vor der Haustür.

ElbeCamp, Falkensteiner Ufer 101, 22587 Hamburg, Tel. (0 40) 81 29 49
www.elbecamp.de
ÖPNV: Bus 388, Haltestelle Falkensteiner Ufer (ElbeCamp)

Bibliografische Informationen der Deutschen Nationalbibliothek
Die Deutsche Nationalbibliothek verzeichnet diese Publikation in der Deutschen Nationalbibliografie; detaillierte bibliografische Daten sind im Internet über http://dnb.d-nb.de abrufbar.

Konzeption/Satz: Droste Verlag, Düsseldorf
Einbandgestaltung und Illustrationen: Britta Rungwerth, Düsseldorf, unter Verwendung von Bildern von © Fotolia.com: jd – photodesign.de; © iStock: Plociennik Robert
Fotos: Moritz Marzi, außer:
S. 31: Gut Karlshöhe/Michael Stölken-Assmann; S. 51, 101, 105: Tanja Breukelchen

MIX
Papier aus verantwortungsvollen Quellen
FSC® C011279

Druck und Bindung: LUC GmbH, Greven
ISBN 978-3-7700-2193-2

www.droste-verlag.de